平凡社新書
845

中国人の本音
日本をこう見ている

工藤哲
KUDŌ AKIRA

HEIBONSHA

中国人の本音●目次

ロシア
N
黒竜江省
モンゴル
吉林省
遼寧省
北朝鮮
内モンゴル自治区
張家口
甘粛省
北京
唐山
天津
阜平県
河北省
寧夏回族自治区
山西省
韓国
武郷県
山東省
青島
青海省
陝西省
黄海
河南省
江蘇省
安徽省
上海
チベット自治区
四川省
湖北省
浙江省
雅安
重慶
監利県
横店
東シナ海
インド
湖南省
江西省
貴州省
福建省
日本
台湾
雲南省
広西チワン族自治区
広東省
香港
ミャンマー
ベトナム
南シナ海
0
400km
中国主要部

北京中心部
円明園
頤和園
清華大学
北京大学
鳥の巣
N
798芸術区
麗都地区
日本大使館
北京北駅
北京動物園
西直門
東直門
工人体育場
景山公園
中国
外務省
人民
日報社
釣魚台迎賓館
故宮
玉淵潭公園
王府井
CCTV
八宝山
国営中国中央テレビ
(CCTV)
国家大劇院
天安門
広場
建国門
国貿
人民大会堂
北京東駅
北京西駅
天壇公園
二環路
北京南駅
中国人民抗日戦争記念館
三環路
盧溝橋
0
4km

はじめに

日本で、中国について報じられない日はない。中国共産党の動向を不安視する報道が目立つ一方で、地方都市では中国人訪日客による消費を歓迎する声も少なくない。中国や中国人との距離感は、プラスとマイナス面の両方を含めてますます近くなっていると感じる人は少なくないはずだ。ひょっとしたらこんなイメージを持たれているかもしれない。

「日本の観光地には中国人ばかりで、中国語の会話が聞こえてくる」
「コンビニエンスストアのレジでは、日本語を話す中国人の若者を見かける」
「南シナ海で埋め立てをしたり、尖閣諸島を巡って絶えず日本を牽制している」

確かにそういう面もある。だが実際に中国人と会話をしたり、彼らがどんな家庭に育ち、なぜ日本に関心を持ち、日本に来たのかという個々の事情について想像する機会は限られているのではないだろうか。

たとえば東京の大手書店の子供向けの伝記コーナーを眺めてみる。西郷隆盛やエジソンといった名前が並ぶが、中国人について書かれている書籍を見つけるのは難しい。

駅の近くにある旅行会社の店頭に並ぶパンフレットを見てみると、「香港」や「台湾」は目にするが、「北京」といった大陸の都市はあまり目に入らない。日本を訪れる中国人は増え続けているが、「物価が高い」「空気が悪い」「反日感情が心配」という理由で多くの日本人が中国旅行を敬遠しがちだ。

テレビをつければ、大気汚染や奇妙な娯楽施設の映像、日本を批判する中国外務省の報道官の険しい顔が目に入り、コメンテーターは「本当に大丈夫ですかね」と眉をひそめている。

私は二〇一六年春、約五年の北京での勤務を終えて帰国した。日本に戻ってきて強く感じたのは、中国の日常の情報があまり伝わっていないのではないか、ということだ。「北京の人たちの暮らしぶりを伝える映像を見たい」と思ってもそこでニュースは終わってしまう。一年も過ぎると住んでいた隣国が、遠い所になってしまったような気さえする。日本で中国の雰囲気を想像するには結構な労力が必要だ。

一方で北京にいた時は、中国人の日本に関する理解も偏っているように感じた。北京や上海は、広大な大陸の中では「点」に過ぎない。中国で少し地方に足を延ばせば、日本や日本人はまだまだ一般市民にとっては縁遠い存在だ。

今、日中間には尖閣諸島などのほか、歴史的経緯により残された問題が山積するが、近年は「国民感情の改善」が中国指導部内でも注目されている。これを進めるにはメディアや日中間を往来する人が日常の情報も発信することがますます大切になっている。

北京には、相手の国の印象を少しでも良くしようと地道に取り組んでいる人が少なからずいる。私もできる限りこうした取り組みを日本の読者に伝えたい、と思ってきた。北京で二〇一一～一六年の約五年間生活する中で日々遭遇したり考えたこと、また「抗日」の現場は実際にはどうなっているのか、中国メディアはどのような人たちが担い、普段どんなことを考えながら報道しているのか、日本と中国の間を行き来してきた中国人の対日観などをまとめてみた。

米国ではトランプ政権が発足し、一七年四月には米中首脳会談が行われた。貿易や主権の問題を巡り中国との立場の違いが鮮明になり、日中関係に影響しそうだ。一七年秋には五年に一度の中国共産党大会が開催され、その時に最高指導部のメンバーが大幅に交代する見通しで、中国としては国内の安定を重視したい時期でもある。中国人との摩擦や対立を減らすためには、中国人の考え方に加え、その背景にある日常にも目を向け、冷静に理解を深めていくことが大切だ。本書が中国の理解にわずかでも役立てば幸いだ。

年齢はいずれも取材時、一元＝約一六円（二〇一七年四月現在）

写真は一部の提供写真を除き、著者が撮影した。

第1章

北京を歩く、見る、聞く

高層ビルが立ち並び、各地で建設工事が進む北京の国貿地区

大気汚染に一喜一憂

北京の住人が朝起きてまずすることがある。窓の外を見てその日の大気汚染の状態を確認するのだ。スマートフォンを手に、呼吸器などの疾患を引き起こす微小粒子状物質「PM2・5」の数値に一喜一憂する。

これは習近平国家主席も同じだ。二〇一四年秋、「私が起きてすることは、空気の汚染度がどれほどかを調べることだ」と語ったことがある。

日本のメディアは大気汚染がひどい日はその様子が報道されるので、汚染された状態がほぼ毎日続いていると思われるかもしれないが、空気がきれいな日ももちろんある。北京では空が青く澄んだ「北京秋天」という言葉もあり、元々はさわやかな晴天が珍しくなかった。だがそんな日は近年減り、今では青空が広がっているだけで得をした気分になる。

工場からの排煙や車の排ガス、建設現場の粉じんなどが原因とされる北京の大気汚染は長年、真相が覆い隠されてきた。北京の米国大使館がPM2・5の数値を公表し始めたが、二〇一二年に入っても中国環境保護省は「国際法違反だ」と不快感を表明していた。その大気汚染に関心が集まったきっかけは、汚染の数値が高い日が続いた二〇一三年の年明けだった。やがてそれは天津や上海、陝西省西安、黒竜江省ハルビンにまで及び、汚染地域は日本の面積の四倍近くの範囲に及んだ。世論の批判が強まり、当局も本腰を入れざるを得なくなった。

大気汚染が激しくなると視界が狭くなる。二〇メートル先すら霞んでしまう。このため北京市内では交通事故や飛行機の遅延が頻発し、主要道路は通行が規制される。マスクなしで歩き、空気を吸うと洗剤のような味を感じたこともある。マスクは二、三日つけるとかなり黒ずんでくる。

自宅に戻ると、ほこりを振り払うように服をたたいてＰＭ２・５を落とす。部屋では空気清浄機をフル稼働させるが、部屋の空気が本当にきれいなのか目に見えるわけでもなく、頭痛を抱えながら過ごした。

大気汚染が深刻な日はマスクが必需品となる

成人の私もこうした状態なので、小さな子供にとってはもっと厳しい環境だろう。二〇一三年一月、北京市朝陽区の小児科医院を訪れると、親に連れられて駆けつけてきたマスク姿の子供の姿が目立った。こうした日は、外出する人もまばらだ。日壇公園で清掃を担当する男性は「空気が悪いと人の数は半分に減る」と話した。

この翌月、北京の日本大使館で専門家が在留邦人に注意喚起する講演会が開かれた。大使館の担当者はこう説明した。

「北京の大気汚染の状況は、日本での大気汚染の裁判で争われたレベルをはるかに上回る」「自宅の空気清浄機のフィルターは一枚で二年使えると聞いて購入したが、一ヵ月で真っ黒になった。使わずにいたら体の中に入っていたかと思うと非常に心配」「大気汚染で症状が出ると、肺は元に戻らない」。

こうした話を聞いていた出席者からはため息が漏れた。担当者は、外出時に専用マスクを着用することや窓を開く頻度を減らす、また口より鼻で息を多くすることなどを勧めた。その後北京の駐在員の間では、「こんな空気なので、妻と子供を先に帰し、単身赴任になった」という話をよく聞くようになった。

二〇一四年一〇月、歌手のマライア・キャリーの屋外コンサートが北京であった。私もそこにいたが、視界が霞み、息苦しい公演となった。

北京市が重度汚染で外出を控えるよう呼びかける中、マライアさんは二時間ほどの間に約二〇曲を熱唱した。翌日の北京紙「新京報」などによると、中国本土でのコンサートは一一年ぶりだったが、大気汚染対策として本人が主催者側に一〇台の温風加湿器と四台の空気清浄機の設置、カーペットの三度の洗浄を要求し、花粉のついた花を受け取ることも控えたという。

大気汚染の影響は深刻だ。中国誌「財経」は二〇一三年二月、上海の復旦大学教授の分析として、二〇〇六年に一一三の都市で大気汚染によって二九万九七〇〇人が早死にし、経済損失は三四一四億元に上ったと伝えた。

北京の環境問題の専門家によると、中国では発電や暖房などのため、ここ三〇年ほどの間に採掘した大量の石炭を燃やし続けた。政府は工場から排出される有害な煙への規制を強めているが、工場の数自体が増えている。

都市の車の数も加速度的に増えている。北京を走る車が一〇〇万台に達したのは一九九七年ごろだ。二〇〇万台に達したのはわずか約六年後だった。北京五輪が開催された二〇〇八年には約三五〇万台だったが、その四年後には約一・五倍の五二〇万台を超えた。

北京の人口も増えた。一二年末の常住人口は二〇六九万人で、前年より約五〇万人増えた。八年間で五〇〇万人近くも増えた計算になる。地方から来る人たちが住む郊外には集団暖房設備がないため、石炭ストーブで暖を取る人もまだ多い。

環境ＮＧＯ「公衆環境研究センター」の馬軍主任は言う。「農村でも暖房や料理のためにトウモロコシや麦の茎を燃やすことが珍しくなく、この黒煙も大気汚染の一因です。社会の発展と遅れた部分の両方の原因による汚染が複合して起きているのです。汚染物質の排出事情は地域によって違います。北京市はサービスや金融、不動産など産業は多いですが、隣接する天津市では石油化学工業が、河北省では鉄鋼業などが盛んで、北京だけが必死に環境対策をしても不十分です」。

中国人の生活が豊かになるにつれ、大気汚染が悪化する事態を招いた政府に対し、国民は厳しい目を向けるようになった。解決を目指すために不可欠なのが日本の教訓と協力だ。中国側は表向きは日本に厳しい態度を示しているが、高い技術を持つ日本の存在は無視できず、条件が整えばすぐにでも支援を求めたいのが実情だ。

北京を歩くなら

北京の街は、中心にある故宮や天安門広場を起点に、外側に向かって幹線道路の二環路、三環路、四環路の順に囲う地形になっている。天安門の東側にある国貿地域には、ズボンのような形をした国営中国中央テレビ（CCTV）などの高層ビルが建ち並び、新築ビルの工事現場の大きな音が響き続けている。人口は二〇〇〇万人を超え、東京都（約一三六〇万人、二〇一六年）を上回る。

北京に出かけた場合、滞在が数日なら、多くの人がガイドブックを手に故宮や天安門広場、天壇公園、頤和園、円明園、北京動物園に加え、少し足を延ばして万里の長城に向かうかもしれない。毎年三月に全国人民代表大会（全人代＝国会）などが開かれる人民大会堂や五輪会場となった競技場の「鳥の巣」なども、大きな行事が重ならなければ中を見て回れる。

桜の季節なら、日本から一九七〇年代に中国に贈られた北海道などの桜が咲く玉淵潭公園が有名だ。墓参りの季節である「清明節」に合わせて西側の八宝山にある「革命公墓」や「人民公墓」で、色とりどりの花で飾られた共産党幹部や庶民の墓を見て回ることもできる。

北西部の海淀区には北京大学や清華大学といった国の重点大学が集まっており、大学内の広いキャンパスを歩き、学生たちの様子を見ているだけでも中国の若者たちの生活ぶりが伝わってくる。

各地で開かれている公演も魅力的だ。天壇公園の東側にある「紅劇場」では連日、カンフーを主題にしたミュージカル「功夫伝奇」が上演されている。もしクラシック音楽やオペラ、京劇、伝統芸術に関心があれば、国内外から著名な芸術家が集まる国家大劇院もおすすめだ。現代アートなら北東の七九八芸術区も見どころになっている。

リニューアルされた「中国人民抗日戦争記念館」の一室。旧日本軍兵士の所持品がガラス床の下に置かれている（2015年8月）

歴史問題に関心があるなら、南西の郊外・盧溝橋にある「中国人民抗日戦争記念館」の見学を共産党関係者から勧められるかもしれない。この記念館は抗日戦争勝利七〇年に合わせて一五年七月に大幅にリニューアルされた。それまでは旧日本軍がいかに残酷な侵略行為をし、中国人民がどう抵抗したのか、また中国共産党がどれだけ主導的役割を果たしたか、という展示だったが、これに加えてヒトラーなどのファシスト政権による第二次大戦での残虐行為を示す資料も増えた。

館内には、ガラス張りの床の下に拳銃や軍刀などの旧日本軍兵士の所持品が置かれた場所もできた。ここに入ると、来訪者がこれを例外なく踏みつける構図になる。一連の改修は北京の人たちの間で「より日本への牽制のトーンが強まった」と語られていた。改修を強く推進した習近平指導部の今の雰囲気が読み取れる場所とも言えるかもしれない。

「車窓取材」で中国を知る

もし長めに滞在するなら、「車に乗って一本の道路をただまっすぐ走り、じっと窓の外を見る」のも一つの方法だと思う。

この方法を私は「車窓取材」と呼んでいた。中国駐在が長い商社マンや、中国人ジャーナリストも実践しているという。中国人の友人は「連休になると観光地はどこも混むので、草原をただ車で走るんだ。気分がいいよ」と教えてくれた。タクシーやバスなど車に乗り、居眠りせずにただじっと外を見る。街の中心地から郊外に向かうことで、意外な光景が見えてくるのだ。

ある日本の商社マンの経験を聞いたことがある。中国北部の内モンゴル自治区からタクシーに乗る。運転手が「この先は行けない」と言ったらその街で別のタクシーに乗り換え、また別の目的地に向かう。こうして四川省成都まで一〇〇〇キロ以上乗り継ぐ。途中では運転手と雑談してその土地の事情を聞きながら、窓の外を見続ける。

車窓からは、地元政府が掲げるスローガンの横断幕や特産品の看板、草原、工場、露店

河北省唐山から北京に車で向かう間にすれ違ったダンプカーの列（2013年８月）

が見えてくる。数字に表れないその土地の文化や経済事情を読み取り、生の中国を理解するのだ。知名度の低い街で日が暮れれば、そこの安宿に予約なしで泊まってみればいい。こうした場所なら宿泊代はそれほど高くない。

この人の距離には及ばないが、私も実践してみたことがある。運転手に頼み、助手席に座って河北省唐山から北京に向かって一般道約一五〇キロをただ走ってみた。

すれ違った車は、一〇〇台のうち九台がダンプカーだった。深夜に北京に運び込む物資を大量に積み込んで走るため、道路はでこぼこだ。道路の両側には時折食堂が見え、ダンプカーが絶えずほこりを巻き上げているが、そのすぐ脇で何ごともないかのように淡々と営業していた。

車は途中で渋滞に巻き込まれてしまい、走り終えるのに三時間以上かかった。昼間はダンプカーの出入りが規制される北京だが、こうした無数の大型車で運ばれる物資が市民の豊かな生活を支えている。少し郊外に出てみれば、まったく違う中国の現実が見えてくる。

北京に赴任する際、先輩記者から「少しずつ表れる街の変化を見逃さないこと」と心得を教わった。効率的とは言えない方法だが、各地の「車窓取材」は私にとって、どこも強く印象に残った。カメラを手に窓の外をじっと眺め続け、飽きることはなかった。

中国大陸で車を走らせ、各地の変化を記録したのが『疾走中国』（ピーター・ヘスラー著、栗原泉訳、白水社）だ。ヘスラー氏は二〇〇〇年から二〇〇七年にかけて「ニューヨーカー」の北京特派員を務めた。〇一年に運転免許を取得し、万里の長城沿いなどで車を走らせ、見えてくる光景をルポにまとめている。

名前のない道を走り、窓から見えてきた農村の変化を眺める。作品には、ヒッチハイカーや出稼ぎ労働者、村の葬送、交通事故、警官の検問といった場面が登場する。ただ車に乗って窓から外を見るだけで、どれだけ今の中国が見えてくるのかをよく示す名著だ。

移動の時に便利なのが北京のタクシーだ。初乗りは一三元と東京より安く、朝夕のラッシュ時以外なら簡単につかまる。運転手は中国語の会話練習をするには貴重な相手だ。出身地はさまざまで、人によって話が弾んだり、言い合いになったりする。

日中関係が悪化すると日本に批判的な言動をする運転手は増えていく。いわば運転手の態度が日中関係のバロメーターのようだった。中国で反日デモが起きた二〇一二年、「日本人なら乗せない」と言われ、不快な思いをしたことが何度もある。

だが、話を続けていたら運転手の態度が少し変わったこともある。

北京から南西に約五〇〇キロ離れた山西省太原に二〇一三年秋に出張し、タクシーに乗った。中年男性の運転手は「日本人ならこの場で降ろす」と言う。なぜ日本人を嫌うのか聞くと、「絶えず挑発している」「日本人はけしからん」と言った。

こちらも「日本人と直接話したのか」「行ったことがあるのか」と聞き返し、問答が三〇分ほど続くと、ついに運転手は黙り込んでしまった。最後に「こんな日本人は初めてだ」と語り、別れ際に手を振った。

中国人の記者の友人は「日本の事情や日本人を知らないのに、嫌いだと叫ぶ中国人が多すぎる」と嘆く。だがこうした人は二〇一二年以降、少しずつ減ってきた。

北京の運転手の中には、「親戚が日本で働いていて、日本は住みやすいと聞いた。一度行ってみたいもんだ」と口にする人もいた。中国人の訪日観光客が増え、日本を知る人は中国で確実に増えている。こうした人の口コミや情報発信が広がり、日本人とわかった途端にタクシーから降ろすような運転手が一人でも減ってほしい、と願わずにはいられない。

北京は安全か

私は自転車や徒歩で一〇分ほどかけて職場に通勤していたが、北京の中心部を歩いていて事件に巻き込まれそうな恐怖を感じたことはほとんどない。街を歩く時に気にかけていたのは、周囲に子供の姿が見えるかどうかだった。そうした場所なら大抵は安全だ。逆に人の気配がなく、深夜に一人で地下道を歩く時などは自転車に乗ったり、早足で歩いた。

北京の街はどのくらい安全なのだろうか。日本で売られている中国のガイドブックを開いてみると、「日本人は金持ちと思われているし、ちょっとしたきっかけで相手の反日感情を呼び覚ましてしまうこともあるので、十分注意しよう」「麻薬密輸に関係する日本人も増えている。見知らぬ人から荷物を日本に届けてくれるよう依頼されても断る」と書かれ、事故や盗難に遭った時にはまず公安局へ行くよう呼びかけている。

北京の治安状況について、中国紙は時折「治安地図」を伝えていた。二〇一五年一月の報道では、北京市内の刑事事件は一四年が一五万三〇〇〇件余り。強盗や殺人事件は前年より三割近く減り、「二〇〇四年以来最も少ない」としている。具体的には、賭け事、売春、白タクは減ったが、自転車の盗難は増えた。空き巣が押し入る時間帯は午後一〇時から午前三時、午前七時から一〇時が多く、一人で歩く女性が強盗に狙われやすいという。

北京では、空き巣や強盗、自動車盗難、白タク、賭けごと、自転車盗難、医療機関で非合法に取得した受付番号を高値で転売するなどのダフ屋行為が主要な犯罪として挙げられていた。オフィス街の建国門や東直門、また西直門地域ではスリの被害が確認されている。観光客が集まる故宮や頤和園、北京動物園でも盗難が頻発している。

スリの被害は私も何度か耳にした。研究目的の訪中団の日本人のメンバーが故宮の北側にある景山公園で記念写真を撮っていた後に財布を盗まれ、日本大使館の担当者に取り次いだこともある。店で試着をしている間に、若者のカップルに所持品を盗まれたという話も聞いた。私も五年の駐在期間中に職場の近くで三度自転車の盗難に遭い、三度とも自転車は戻ってこなかった。

当局が近年懸念しているのは、ヘロインや覚醒剤といった薬物の蔓延だ。一六年二月の統計によると、一五年に逮捕した薬物事件の件数は一六万五〇〇〇件で、容疑者は一九万四〇〇〇人に達し、増加傾向にある。タイ、ミャンマー、ラオスといった「黄金の三角地帯」やパキスタン、アフガニスタンなどから運ばれ、インターネット販売を通じて若者や農村地帯、芸能界にも広がっている。

心配なのは薬物使用者による市街地での無秩序な運転だ。テレビでは、使用者の運転が事故を引き起こす映像が繰り返し流され、再三注意喚起していた。夜中になると、急に猛スピードで走り出したり、奇妙な蛇行運転をする車を何度も目にした。

偽札をつかまされてしまうこともある。大手銀行のATMも例外ではなかった。実際に見てみると、光沢が本物より明るく見えたり、感触がざらざらしている。飲食店の店員やタクシーの運転手は瞬時で見分けるので、こちらが偽札だと気づかずに渡しても、「これは偽札だ」と突き返されてしまう。友人は偽札を手に「ババを引かされた気分だが、仕方ないので記念に取っておく」と苦笑いした。

政府は一〇〇元札の新札を発行し、予防策を講じているが、中国の知人は「五〇〇元札、一〇〇〇元札が流通すれば偽札が作られ、被害額がふくらむので政府は一〇〇元札以上の紙幣は発行できないのでは」と話す。素人の外国人なら、知らないうちに偽札をつかまされる可能性もあるので注意が必要だ。

強まるテロへの警戒

私が住んでいた建国門地区は大使館やオフィスが多く、武装警察や腕章をした治安ボランティアが頻繁に行き交っていた。しかし北京でもいつ何が起きるかわからないと思い始めたきっかけが、一三年一〇月二八日の天安門で車が突っ込み炎上した事件だ。

この事件は正午ごろ起きた。一台の車が天安門城楼前の歩道に東側から進入した後に歩道を走って欄干に衝突して炎上し、運転手と同乗者に加え観光客が死亡、日本人を含む三八人が負傷した。当局はウイグル族が関与したと断定し、容疑者を拘束した。この直後から北京ではサングラスをつけて銃を構えた武装警官が屋根なしの特殊車両で市内の各地を巡回するようになった。

私の自宅の部屋は集合住宅の二〇階にあり、周囲に住んでいた人たちのほとんどが中国人だった。エレベーターには時折告知が張り出されることがあり、それを見て近所で起きていた出来事を知ることが多かった。

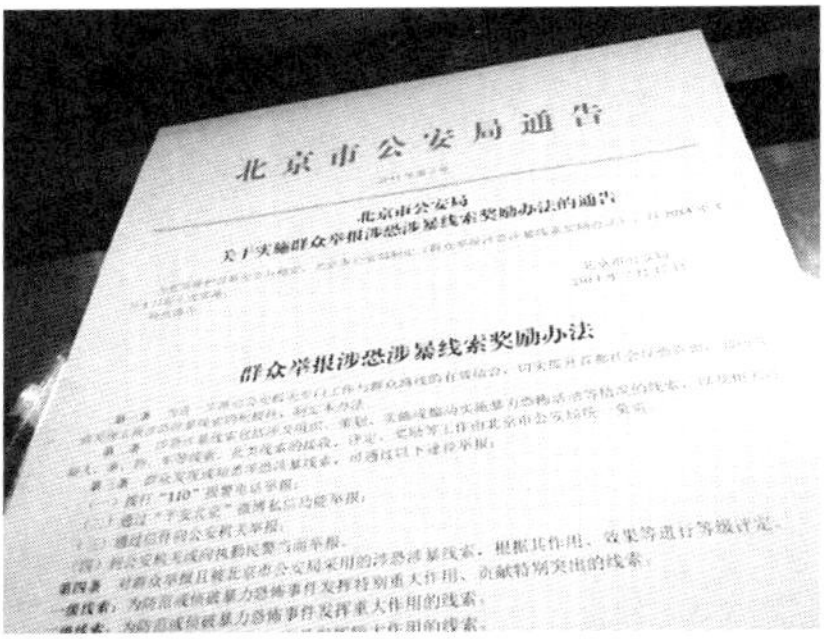

自宅近くに張り出されていたテロ関連の情報提供を求める呼びかけ（2014年10月）

事件の翌年、集合住宅のエレベーターに一枚の通知が張られた。北京市公安局名で「反テロへの意識を高めるため、テロにかかわる情報の通報を奨励する」とあった。通報者の情報を見極め「一級の手がかりなら報酬額は四万元を上回る」としていた。自宅のエレベーターにまで紙が張られたのを見て、普段の生活圏内でもこうした事件が起こり得ると思い知らされた。

事件を受けて出版されたのが『公民暴力防止反テロハンドブック』（解放軍出版社）や『反テロ暴力防止公民ハンドブック』（人民出版社）だ。いずれも中国のテロ対策や犯罪学の専門家が執筆したものだ。市民が巻き込まれ死傷するなど、無差別の殺傷事件が相次ぎ、あらゆる場所で事件が起こり得ることから、当局が改めて国民に向けて注意を喚起していた。

こうした冊子では「テロとの戦いは長期的でより複雑になっている。新疆《しんきょう》ウイグル自治区でのテロが頻発しており、この地域の外にまで拡大し、一般市民を標的にする傾向がより明らかになってきた」として「事件が発生してから（警官らが）現場に到着するまでの三分から五分の間にどう避難し、対応し、防ぐかが非常に重要だ」と訴えている。

事件が起こり得る場所としては、空港や駅、バスターミナル、ショッピングセンターなどの商業施設、市場、学校、司法機関、税務機関、行政機関の大きな庁舎を列挙。さらに春から秋の季節や国家的な大規模会議の期間中、春節などに起きやすく、特に六～八月の発生率が高いという。「警戒心のない旅行客やイヤホンをして周囲の動きに気づきにくい人、小中学生、子供が被害に遭いやすい」と分析し、対応策として事件の特徴を可能な限り把握し、財産などは惜しまず迅速に安全を確保することや、周囲の樹木や車、カウンターなどに隠れ、対抗できる道具を探す、携帯電話などの通信機器に隠し、音を消すことや、自分のいる場所を把握し、暴力行為の特徴や人数に注意するよう呼びかけた。

北京の街はテロ対策の必要がいっそう増しているとして、警察は大がかりな反テロ訓練を繰り返している。繁華街での混乱は一分で駆けつけて対応する態勢が整えられてきたという。地下鉄では荷物検査が抜かりなく実施されるため、ラッシュ時には連日駅の出入り口に長蛇の列ができることも珍しくない。

これに連動するように増えているとみられるのが監視カメラだ。北京の英字紙「グローバル・タイムス」は二〇一二年、監視カメラの特集記事で「二〇〇七年には監視カメラは二六万七〇〇〇台あったが、一二年には八〇万台を上回った」とし「教室などにも配置され、公共スペースでプライバシーを確保するのは難しい」としている。この報道の後に天安門での事件が起きており、今ではこの数を大きく上回っているはずだ。今や北京の中心部の公共スペースなら、外国人の行動は当局がほぼ把握していると考えた方が良さそうだ。

北京空港の事件

北京の空の玄関口である北京首都国際空港でも大事につながりかねない事件が起きた。一三年七月二〇日夜、空港の第三ターミナルで車椅子に座った男が手製の爆発物を爆発させた。男は負傷して警察に拘束され、空港の保安要員も負傷したが、一般客らに幸いけが人はなかった。ターミナルには日本航空や全日空などの航空会社も乗り入れており、旅行客に大きな被害が出る可能性もあった。

発生直後、私も現場に向かった。高速道路を飛ばしてターミナルに着くと、出口のゲート付近は出入りが制限され、ドアの向こうを警官が行き交っていた。ここは北京を訪れる日本人ならほとんどが利用する所で、市民からは「まさかここで爆発するとは」と驚きの声が上がった。

拘束されたのは、山東省出身の三三歳の男だった。広東省でバイクタクシーの運転手をしていたが、〇五年六月に乗客を乗せて検問を受けた際に治安要員から暴行を受けて腰を負傷し、仕事が続けられなくなったのだという。地元当局に補償を求めていたが、当局側は自ら負傷したと主張し、裁判所も証拠が不十分との立場を示した。男は不満を募らせ、山東省から北京に向かい、事件を起こした。男は「目的は爆発させることではなく、自分の問題を解決することだった」と訴えた。

中国メディアは男について「空港の秩序を乱し、公共の安全に影響を及ぼした」と批判しつつも、ネット投票では九六％が男に同情的だったと伝えた。

中国では住民が当局に集団で対抗する事件が頻発している。賃金や土地の不当な扱い、環境汚染、医療事故、行政手続きの理不尽な対応への不満が原因だ。北京では一六年一〇月にも、国防省が入るビル周辺で退役軍人の大規模な抗議行動が行われるなど、不満を募らせている人たちが中国には至る所におり、何かのきっかけで外国人も巻き込まれかねない。改めて身近な危険について考えさせられた。

気が抜けない交通事情

北京で車に乗っていると、よく交通渋滞に巻き込まれる。渋滞を抜けたと思うと、その先頭では自動車から降りた運転手が口論している。車同士が先を争って接触し、車を止めてしまうため、その場所から渋滞が起きるのだ。

中国では、「高級車を持てる＝社会的な地位が高い」と受け止められる。多くの人たちが「車一台くらい持ちたい」と考え、数は増え続ける一方だ。レクサスやベンツ、BMW、ポルシェの車を見かけるのはざらで、ベントレーやフェラーリ、ロールスロイスを目にすることも珍しくない。周囲を走る車を見ているだけで、中国人の生活格差の現実を突きつけられる。

北京で生活している間、特に気をつけていたのが交通事故だった。中国では年間約二〇〇万人が新たにハンドルを握る一方、交通事故は年間二〇万件近く起き、死者数は約六万人とも言われる。ちなみに日本は三九〇四人（一六年）だ。接触程度なら申告しないこともあるので、実際にはこの数を上回るはずだ。

私の日本人の知人も四川省で交通事故に遭った。彼は乗用車の助手席に乗っていたが、中国人運転手のハンドル操作のミスで道路をはみ出し、車体が跳ね上がって着地すると腰に激痛が走った。手術はせず、地元の医師は「一ヵ月もすれば良くなる」との診断だったが後遺症が残り、彼は同じ姿勢を続けることが難しくなってしまった。「シートベルトをしていたのが幸いだった。もししていなかったら体が車から飛び出していただろう。事故が珍しくないから医者も簡単な診断をしたのかもしれない」と彼は振り返った。

中国では、シートベルトの未着用が常態化している。北京紙「北京青年報」によると、一四年一〇月、北京の西直門地区で警官が調査をしたところ、未着用の運転手は五〇％余りで、助手席や後部座席に座っていた人は一〇〇％未着用だった。わずか一〇分の間に五度罰則を科したという。

交通事故は身近な場所で起きている。近年は中国国内のインターネット通販の普及で、注文した品の小包を運ぶ小型の電動車がますます目につくようになった。中国の宅配便取扱量は一一年の三六億件から一六年には約九倍の三一二億件に急増し、全国の半分以上の地域に届けることが可能になった。私は市内を自転車で走ることが多かったが、歩道をこうした小型車が飛ばして走るので、何度もぶつかりかけた。

友人の話を聞いても、中国では凶悪な事件に遭遇するより、交通事故に巻き込まれる確率の方が高い、というのが実感だ。

変わりやすい天気

北京の天気は変わりやすく、日本より濃淡がはっきりしている。激しい雷雨が来たと思えば、二、三時間経つと突然晴れる。北京は春と秋が短く、「暑い」と「寒い」が長い。四季の変化が感じられる日本とは対照的だ。こうした面も中国人の大ざっぱな気質に影響しているのかもしれない。

北京の緯度は日本の東北地方とほぼ同じだ。六月になると三〇度を超え、冬は氷点下一〇度近くに冷え込む。北京の特色は、初夏の雷の激しさだろう。落雷が数分に一度、すぐ近くでごう音をとどろかせる。

中国の大陸の天気は、時には予想もしない大きな被害をもたらすことを思い知らされたことが何度かあった。

二〇一二年七月二一日。この日は様子が違った。昼間から蒸し風呂のような湿気で、午後一時なのに外は真っ暗だった。午後七時になっても雨は降り続け、ずぶぬれになって自転車で帰宅した。

翌日にかけて降った雨は、一九四九年の建国以来最大の豪雨で、建物の倒壊や落雷で七〇人以上が死亡していた。市南西部の房山区では四六〇ミリの降水量を記録し、市内は場所によって数メートルの水たまりができ、人や車が流される事態になった。新華社通信は「局地的な降雨量は五〇〇年に一度に近い」と伝えた。

この時、北京のある現場では地元警察や消防が市民の声に取り合わず、地元幹部が訪れてようやく救出活動を始めたため犠牲者が出たことが発覚し、当局への批判の声が上がった。豪雨の死者は多数に上っているのに当局が数を隠蔽《いんぺい》したとの疑念も出た。この豪雨は、北京のインフラの不備を露呈する結果にもなった。

北京の豪雨は局地的であることが珍しくなく、場所とタイミングが悪ければ、誰もが豪雨の犠牲になる可能性がある。この時をきっかけに、その後豪雨に見舞われるとなかなか気が休まらなかった。

豪雨だけではなく、豪雪でも予想外の事態が起きた。

一二年一一月三日夜、河北省張家口市懐来県にある世界遺産「万里の長城」付近で山歩きに来ていた日本人観光客四人、中国人一人の計五人が強風と雪のため身動きが取れなくなり、日本人三人が死亡した。現場は北京市と河北省の境界に近く、五人は明の時代から残る長城周辺に北京側から入り、動けなくなってしまった。

実はこの時、強い寒波に見舞われており、現場近くでは一九六〇年以来五二年ぶりとなる四七センチの積雪を記録していた。山がちで、標高一〇〇〇メートル近くに達する場所もあり、観光設備も不十分で、地元の人は「観光客を連れて行く場所とは考えにくい」と口をそろえた。通信事情も不便だった。

一報を受け、私も現場に向かおうとした。しかし現場の周辺は雪が積もっており、タクシー運転手は「北京から現場に向かう高速道路は通行止めで、先には進めない」と言う。出直して列車で現場に向かった。

山道の入り口では、周囲の山々の岩肌が露出し、約六〇センチの積雪があった。遭難した女性一人は救助され、近くの病院で「もう少しでこの日の日程を歩き終えられる。歩くしかない」と考え、天候は気にかけなかったと話した。

張家口市は、二〇二二年の北京冬季五輪・パラリンピックの開催予定地でもあり、中国でも雪が比較的多い場所として知られている。だが、当日の雪量や低い気温を参加者は考えもしなかったはずだ。ツアーの主催会社の責任も問われたが、中国の天候の変化の恐ろしさを思い知らされた。

中国人にとっての「二つの日本」

北京では息抜きによく書店に出かけた。中国でもアマゾンなどのサイトで書籍を買うほうが簡単だが、書店でベストセラーや平積みの本を見ていると、本の売れ筋が読み取れる。

特に注目していたのは日本関連の書籍だ。中国では当局の規制の事情もあり、日本の書籍がそのまま購入できない。多くは翻訳本や中国人学者の論文だ。どのような本が中国語に訳され、読まれているのか。二〇一三年に有名書店で取材したことがある。

向かったのは北京大や清華大の近くにある「万聖書園」。一九九三年に開業した学術書店で、多くの学生や知識人が頻繁に通っている。人文、社会科学、辞書など約四万五〇〇〇冊が並び、週末には一〇〇〇人を超える客が訪れていた。

書棚の一角には、日本関連書籍が置かれていた。日本政府の尖閣諸島国有化で反日機運が高まった二〇一二年九月、中国の一部書店では日本関連書籍が店頭から消えてしまったが、「万聖書園」はそのまま並べ続けたという。

店内には「日本」、「中日関係」と紙が貼られた棚があり、中国人学者が日中関係を分析した論文が並んでいた。タイトルを見ると、宮沢喜一、福田赳夫両元首相らの回顧録といったやや古い本が目につく。

驚いたのは、中国語訳された日本の小説の多さだ。別の売り場では、「村上春樹」や「東野圭吾」と背表紙に印刷された本が棚の大半を占めていた。

天安門広場に近い大手の「王府井書店」、西単の「北京図書ビル」のほか、「商務印書館」や「北京三聯韜奮書店《さんれんとうふん》」も品ぞろえに大きな差はなかった。「王府井書店」は外国小説のうち三割近くを日本の作品が占めていた。

北京で書店を経営する男性（三六）によると、小説に代表される日本書籍は、米国、フランス、英国に並び、人気ジャンルの一つだ。「若者は日本文化の影響を受けて成長してきた。日本書籍の需要はさらに増えるだろう」と話す。

村上春樹『1Q84』、東野圭吾『白夜行』、麻生幾『外事警察』、渡辺淳一『失楽園』。書店に並んでいた中国語訳された日本の小説は、こんなラインナップだ。

北京には、日本で出版された直後の本に目を通し、中国の出版社に紹介する業者もある。二二歳の中国人女性社員は「ダイエットや旅行、ファッションに関する本はきれいで読みやすく、訳本は中国人にも売れる」と話す。

なぜここまで中国人を引きつけるのか。大学で日本語を専攻し、留学経験もある中国人女性（二四）は「日本の小説は人間の心理を深く観察していて、悲しい結末で終わる作品も多く、自分に置き換えて考えさせられる。テーマが暗くても読みたい」と語る。

中国人の読書事情について、「万聖書園」を開き、中国の書籍事情に詳しい劉蘇里《りゅうそり》さんに聞いてみた。

リベラルな知識人として知られる劉さんによると、書店を開いてから間もない時期は中華民国や第二次大戦などをテーマとした歴史関連のものがよく売れたが、ここ数年は中国と世界とのかかわりを扱った本が特に増えた。その中で関心の高い分野の一つが日本関連だ。

〇七年ごろまでは、日本の書籍は少なく、中国語に翻訳された現代作家で目についたのは村上春樹くらいだったが、〇八年ごろから急に多くなった。今では小説やエッセーまで幅広く、種類も非常に多いという。

「多くの若者が日本に出かけるようになり、直接知ることで、中国メディアの宣伝で伝えられる日本と実際の姿にかなりギャップがあることに気づくようになりました。『本当の日本を知りたい』という思いで書籍を手にするのでしょう。小説はよく売れますが、ビジネス書はいまひとつですね。日本経済の低迷と中国の経済成長を反映し、中国人は日本の経験を以前ほど参考にしなくなりました。ビジネスでは関心が米国に向いてきています」と劉さん。

さらに「中国人の心情には『二つの日本』が存在しています。一つは戦争を経験し、中国に大きな犠牲を払うことを強いた『歴史的な敵国』。もう一つは清潔で、社会の質の高さや秩序が保たれている『敬意の対象』です。

一二年の反日デモの時、北京の一部の大手書店から日本関連書籍が一時姿を消しました

24時間営業を始めた北京の三聯韜奮書店

が、こうした措置にインターネットでは批判の声が殺到しました。日本の書籍の素晴らしさを理解している中国人はたくさんいるのです。今の中国共産党が（日本に批判的な）主張をしていることと、一般の中国人の実際の考えや行動は必ずしも同じではありません。書店は文化の重要な窓口です。両国の関係が悪化したとしても売り方を変えるつもりはありません」と語った。

二四時間営業の書店も

日本と同様、北京でも本の売り上げは伸び悩んでおり、一冊でも多く本を売ろうと努力する書店もある。北京中心部にある三聯韜奮書店は一四年四月から「二四時間営業」に切り替え、売り上げを伸ばした。

一五年春に店を訪ねてみた。哲学、経済、歴史分野の本を数多く手がける大手出版社「三聯書店」の子会社だ。一九九六年にオープンし、一階と地下一階の計約一五〇〇平方メートルで約八万冊を扱い、二階には喫茶店もある。小説のほか、出版社の直営らしく人文系の書籍が充実し、北京の知識人もよくここを利用する。従来の営業時間は午前九時から午後九時（冬期は午後八時まで）だった。

店によると、繁華街の王府井に近いうえ、市民の生活スタイルも多様化しており、深夜でも人通りが絶えないことが、二四時間営業に踏み切った理由の一つだ。

一四年四月から一二月の売り上げは二〇五五万元で前年同期比六八％増となり、営業利益も約三割増えた。

一五年に入ってからはさらに好調で、三月は一日平均の売り上げが七万元に達した。このうち、新たに営業した深夜早朝の午後九時～午前九時の売り上げが二万元を占めた。前年三月の一日当たり売り上げは三万元程度というから、二四時間営業が昼間の客足も増やしたようだ。

中国メディアはこの店について、ブランド力や経営努力に加え、政府の支援が店の売り上げ増の背景にあると伝えた。中国では、一定の条件を満たした書店は図書付加価値税が免除される。この書店は少なくとも計一〇〇万元の経費を削減した。さらに、財政省や当局の宣伝部門から計一〇〇万元の支援を受けたという。

書店の王玉・副社長（四五）に聞くと、インターネットやスマートフォンの広がりで、各地の書店は苦しい時期が続き、閉店が相次いだ。政府も危機感を持ち、減税などの支援策を打ち出してきた。市場調査の結果、市民の生活時間が年々変化し、地下鉄の終電や最終バスに乗り遅れ、夜過ごす場所に困っている人が少なくなかった。図書館は夕方に入れなくなるし、学校は遅くても午後九時には閉まってしまう。その後、ゆっくり本を読む場所が不足していた。

店には出版社の「三聯」ブランドがあり、若者が集まる地域にも近い。試行期間を経て二四時間営業に踏み切った。年中無休で営業すると売り上げは伸び、二号店を出せた。王さんは「インターネットの情報は確かに早いが断片的で不十分。物事を探究するには、やはり紙の本が大切だ」と強調する。

夜間の売り上げは昼間の四割前後だ。金曜夜や週末は特に多く、夏場は午前一〜二時、冬場も午前〇時ごろまで客足が絶えない。客層は子供から年配者まで幅広いが、ホワイトカラーや若者が目立つ。地方都市から北京に来た出張者も足を運ぶ。図書館より早く新しい本が並ぶのも書店の強みだという。万引きなどの被害はほとんどない。店周辺の治安は比較的安定しているという。

二四時間営業の背景には、国全体で国民の読書を進め、資質を高めようとする政府側の後押しがある。

中国政府は一四年、年間の施政方針を示す「政府活動報告」に、哲学・社会科学を繁栄・発展させ、全国民読書キャンペーンを進めることを盛り込んだ。共産党機関紙「人民日報」は、一二年の中国人一人当たりの一年間の読書量は四・四冊で、韓国、日本、米国より少ないと報じ、「未成年の読書量や読書率は落ち、本を読む環境のバランスが取れていない」と指摘した。

李克強首相が一五年四月に福建省のアモイ大を視察した際、「世界図書・著作権デー」に合わせて国民に読書を呼びかけた。報道では李首相の読書家ぶりも紹介している。李首相の話題は『国富論』（アダム・スミス）から『易経《えききょう》』まで及ぶとして、「（米アップルの共同創業者）スティーブ・ジョブズ氏の伝記をざっと読んだが、面白かった」との談話を載せた。さらに、演説の際には『（元南アフリカ大統領の）ネルソン・マンデラ自伝』や『論語』などから文言を引用しているとも報じた。

李首相は視察先で「我々は毎日読書し、良い習慣を一生涯のものにすべきだ。新たな本を読む必要もあるが、基本的な常識を身につけるには古典を読むこと」と語り、率先して読書に取り組む姿勢を示した。

中国のインターネット利用者はすでに七億人を超え、スマートフォンも急速に普及している。李首相の言動には、国民の読書に割く時間が十分確保されていないとの指導部の懸念が反映されたようだ。

書店に並ぶ本から見える指導部の方針

北京の書店を歩いていると、意外な本を目にすることがある。ふと手に取ったのが、党幹部の不正の具体的な事例を描いた画集だ。イラストで党幹部のさまざまな不正が描かれ、過ちをしないよう警告している。『廉政警示案例漫画』というタイトルの冊子では、こんな様子が描かれている。

・広東省珠海の国有企業幹部の公費を使った豪華な食事
・四川省の小さな県の建築プロジェクト部門が公費旅行
・山東省の地方の検察庁が違法に公用車購入
・陝西省の貧困県の幹部が高級車を借り入れ
・湖北省の不動産管理局の幹部が勤務中にゲーム

習近平指導部は反腐敗キャンペーンを進めており、こうした方針が出版に反映されたようだった。

またフランスの歴史学者、トクヴィルがフランス革命（一七八九年）の背景についてまとめた『旧制度と大革命』の中国語版はあちこちで目にした。この本は、党員の汚職調査を担当する王岐山《おうきざん》党中央規律検査委書記が、党幹部参加の座談会で「多くの学者がポスト資本主義の本を読んでいるようだが、その前の時期の『旧制度と大革命』を読んでほしい」と発言し、注目された。人民日報はこの本を「フランスの貴族は自分の地位に固執し、特権を享受して人民への関心を示さなくなり、社会の不平等を拡大させた」「中国も社会の階層が固定化し、フランス革命の時期に似ている」などと紹介している。書店を歩き、平積み具合を眺めているだけでも、習指導部のトレンドが浮かび上がってくる。

北京市内の書店に並ぶ「窓ぎわのトットちゃん」の中国語版（2015年３月）

日本の発行部数を抜いた『窓ぎわのトットちゃん』

中国でロングセラーになっている日本の書籍として知られるのが、一九八一年に出版された『窓ぎわのトットちゃん』（黒柳徹子著）だ。〇三年に中国で翻訳版が出版され、今や日本の発行部数を抜いた。人気の背景には、中国の教育制度に対する不満と、子供の個性を尊重する教育環境に対する中国人の強いあこがれがあるとの見方がある。

作品は黒柳さんの経験をもとにしている。「トットちゃん」は小学校での落ち着かないふるまいが問題になり、一年生で退学になった。斬新な教育に取り組む「トモエ学園」（東京・自由が丘）に転校し、勇気づけられる。体の不自由な同級生との交流や同級生の死、負傷兵の慰問などの経験を通じ、他人を思いやる子供に成長していく。作品は絵本作家のいわさきちひろのイラストでも知られ、三〇カ国以上で翻訳された。

「トットちゃん」が中国で支持される理由を中国語版の編集・販売を手がける出版社「新経典」の黎遥《れいよう》編集長（四二）と訳者の趙　玉皎《ちょうぎょくこう》さん（三八）に二〇一五年三月、オフィスで聞いてみた。

――予想を上回る売れ行きだそうですね。

黎さん　中国語版が出版された当時、売れ行きはまずまず、という感触でしたが人気は衰えず、年々発行部数が増えています。近年の発行は年間一〇〇万部近く、一四年は一二〇万部でした。海外の児童書ランキングでは常に上位で、一五年一月に中国でも絵本版を出版し、四万部を発行しました。

中国の出版界は二万部を超えればベストセラーなので信じられない広がりです。本には日本人の名前が出てくるので、元々は日本の作品だと読者は知っているはずですが、一二年に反日デモが起きた時も売り上げへの悪影響はほとんどありませんでした。中国語で「トットちゃん」は「小豆豆《シャオドウドウ》」と言い、すでに中国人にはなじみのある言葉です。

――なぜ翻訳することになったのですか。

黎さん　中国の出版人の中には、八〇年代前半に日本で読まれていた『トットちゃん』に目を通し、深い感銘を受けた人が少なからずいました。八〇年ごろといえば、中国で文化大革命が終わり、改革・開放にかじを切った時期です。そのころの中国には、『トットちゃん』に描かれているような自由でのびのびした雰囲気のある本は見当たりませんでした。それだけにこの本から中国の出版人が受けた衝撃は相当大きなものだったのです。「物語は覚えているが、作者や名前がわからない。ぜひ中国でも出版したい」。こんな声を受け、二〇年以上の歳月を経て中国語訳が生まれたのです。

教員など学校関係者が手に取るようで、教員に薦められて読んだという小中学生も少なくないようです。また一人っ子家庭が少なくない中、より良い子育てとは何かを知りたいと考える母親が読んでいるとも聞きます。

――先生までひきつける力はどこにあるのですか。

趙さん　多くの中国の読者は、舞台になる「トモエ学園」が取り組む教育に大きな魅力を感じていると思います。たとえば、学園では歌を通じて食べ物をよくかむことを教えます。

校長先生はトットちゃんが入学する際、四時間も延々と話を聞き続けます。児童を叱るのは簡単ですが、校長先生はそれをしません。

私が注目するのは、子供が生まれつき持っている素質を損なわず、周囲がどのように大きく育てることができるのかについて、この本がヒントを与えてくれているという点です。学歴社会の厳しさでは中国は日本の上を行くかもしれません。学生は試験の成績で順番がつけられます。親たちは有名な学校に子供たちが入ることを望みます。中国の試験は暗記力が重要で、限られた答えを若者に求める傾向が強いのですが、この本にはそうした内容は出てきません。

黎さん　楽しく学園に通い、その体験を大切にするトットちゃんは、その後立派に成長し、ユニセフ親善大使まで務めています。作品には「周囲に言われて自分を変えるのではなく、自分の思いを大切にして生きてもいい」というメッセージが込められている気がするのです。

中国人の生活は豊かになり、国民の価値観は多様化しています。脇目も振らず勉学に励み、立身出世する、という理想を掲げるのがかつては当たり前でしたが、会社員でも職人や芸術家でも自分が向いていると思う仕事をしたらいい、という考え方が広がってきました。トモエ学園のような学校はまだ中国にはほとんどなく、今の教育制度が簡単に変わることはないと思いますが、学校の先生たちは子供たちの変化を肌で感じていて、この本に共感するのでしょう。

――中国の読者の日本に対するイメージに影響を与えていると思いますか。

趙さん　日本に対する偏った見方が少しずつ変わっていくきっかけになるかもしれません。日本には柔軟な考え方をする教育者がいることが本から十分に伝わってきます。本の最後で、トモエ学園が戦時中の空襲で焼けてしまう場面がありますが、日本の多くの子供たちや国民も実は戦争で大きな被害を受けていたことを読者は知ることができるでしょう。

中国の著名な児童文学作家で日本滞在経験のある曹文軒北京大教授はこの本について「人をどのように育てるべきかという教育の理念が重要なテーマになっている。中国にはいわゆる『優秀な教師』や『優秀な校長』はたくさんいるかもしれない。だが知識や技能の教え方は理解していても、人の個性や興味を伸ばし、育てていく方法を理解している人は不足しているのではないか」と指摘する。

日本を訪れる中国人が増え、こうした日本の出版物への関心はいっそう高まっているようだ。しかし、日本から中国に本を持ち込むと、内容が中国の法律に違反しているとして税関で没収されることもある。中国人が自由に日本の本に触れられるようになるには、まだ時間が必要なのかもしれない。

忘れがたい北京の味

北京で「食」と言えば、北京ダックや宮廷料理、羊肉を沸騰したスープに浸すしゃぶしゃぶ、羊の肉のアツアツの串焼きなどが次々と思い浮かぶ。北京には中国各地の美味が集まっている。

ただ長期の駐在では、もちろんこうした料理ばかり食べているわけではなく、近くの安いスーパーで地元の人に混じって野菜や果物、食材を買っていた。生で食べられる卵は少ないうえに高価で、卵ごはんを口にする機会は貴重だった。果物は豊富で、日本ではなかなか口にできない採りたてのライチやブンタン、マンゴーが安い値段で手に入るのはうれしかった。

北京で手ごろな値段で口にでき、味も忘れがたいのが麺の数々のメニューだ。中国だと白米の食感が日本より乾燥した感じで味に違いがあったことも一因だ。甘粛省《かんしゆくしょう》発祥の蘭州ラーメンや、山西省《さんせいしょう》名物の刀削麺《とうしょうめん》を食べに頻繁に足を運んだ。一杯の値段は一五元程度。

北京の麺にこだわるなら、おすすめは「炸醤麺《ジャージャー》」だ。北京の地元料理で名前の頭に「老北京」（昔ながらの北京）とつくこともある。最も好きだったこの麺は、老舗も取材した。

北京の中心部では、天安門広場のすぐ南にある前門地区の一帯を中心に本場の炸醤麺が食べられる店が点在する。地元の人によると、一般家庭でそれぞれの味で作られるごくありふれた料理だったため、北京の名物として見直され、本格的に来訪者向けの店が構えられ始めたのは九〇年代になってからだ。

炸醤麺のルーツには、明朝末に反乱を起こした農民軍が北京に入った時に急いで食事を済ませる必要があったが、味の良いスープを作り出すことができなかったからできたという説や、清朝時代に列強に攻められ、一時北京から西安に逃れた皇帝一行が立ち寄った店で味を絶賛し、料理人を北京に連れて来て城内で食べるようになり、その後北京で定着した、といった説がある。

好物だった「老北京炸醬麵」。左のみそをかけて食べる（2015年８月）

中国のインターネットでは、山東省や河北省、上海市、広東省などでも作り方の異なる炸醤麺があり、韓国にも味が伝えられたと紹介されている。米副大統領として二〇一一年夏に訪中したバイデン氏も口にするなど、欧米人にもファンがいる。

訪ねた老舗は、天壇公園に近い人気チェーン店「老北京炸醬麵大王」の本店。店名に「老北京」を冠し、伝統の味を売り物にしている。

昼時だと一、二階の店舗の五〇近いテーブルは満席だ。運ばれてきたのは、どんぶりに入った白い麵と、ピンクやオレンジ、黄緑など色鮮やかな野菜が盛られた八つの小皿。油で炒め、風味が凝縮された肉みそも出てきた。店員が、手際よく麵に野菜を次々に乗せていく。最後にみそをかけ、力を入れてまんべんなく箸で混ぜる。白い麵がみるみるみその色に変わった。

実はこの味は、私の初任地・盛岡市で好物だった「じゃじゃ麵」にも通じている。じゃじゃ麵の老舗「白龍《パイロン》」によると、創業者が戦時中に大陸で出会った味をもとに、帰国後に味を改良して売り出したのがじゃじゃ麵の始まりだ。食後に「チータンタン」と呼ばれる卵入りスープがつくが、この名前も中国語の「鶏卵湯」の中国語読みに近い。中国の「炸醬麵」が海を渡り、岩手で「じゃじゃ麵」として伝わっていた。

この他にも、北京ダックの店なら「大董」や「全聚徳」、宮廷料理の店なら「厲家菜《リージャーツァイ》」などが有名だが、昔ながらの素朴な料理も捨てがたい。偶然入った路地の小さな店で注文した品の美味に驚かされることも多かった。何年も食べ続けるうちに、元々苦手だった辛い味もすっかり好物になっていた。

第2章

「抗日」の裏側で

山西省武郷県にある抗日テーマパーク「八路軍文化園」の入口

「抗日」軍事パレード

中国から伝えられる報道を見ていると、メディアや国民が普段から「反日」「抗日」を叫んでいるように見える。だが北京に住んでいると、実際には「表と裏」、「建前と本音」が存在しているようにも見えた。こうした現場に一つでも足を運ぶことで、よりはっきり浮かび上がるのではないか。そんな思いで各地を歩いた。

二〇一五年九月三日、「抗日戦争勝利七〇周年」を記念する軍事パレードが実施されるのに合わせ、空には「閲兵《えっぺい》ブルー」と呼ばれる青空が広がっていた。

この日に備え、市内では車のナンバーの下一けたが偶数、奇数によって交通規制され、北京市内やその周辺の工場も操業が中止された。普段の霧がかった空気が嘘のようだ。こんなに澄んだ青空は一年を通しても珍しい。

軍事パレードが実施されるのは一九四九年の新中国建国以来一五回目で、「抗日」がメーンの目的となったのは今回が初めてだった。

私が座った席は天安門から向かって左側、「西側臨時観礼台」と呼ばれる座席の五列目だった。習近平国家主席らが姿を見せる天安門の壇上から約二〇〇メートルほどの距離だ。

登壇した際に最も大きなどよめきが起きた外国の招待者は、赤いネクタイのロシアのプ

メディア席から見た軍事パレード。天安門壇上の習近平国家主席らの動きを凝視する（2015年9月3日）

ーチン大統領と、黄色いスーツ姿の韓国の朴《パク》槿恵《クネ》大統領（当時）だった。この二人と習主席との会談は、中国国民にとっても見慣れた光景だ。

中山服姿の習主席は、天安門の壇上の中央に立ち、こう演説した。

「中国人民の抗日戦争勝利は、近代以来中国を攻撃した外敵に対する最初の完全勝利だった。徹底的に日本の軍国主義を粉砕した」「この偉大な勝利で、中国は世界の大国の地位を再び確立した」。

最後に「正義は必ず勝つ、平和は必ず勝つ、人民は必ず勝つ！」とこぶしを挙げた後、「閲兵開始！」と声を強めた。このパレードは、習主席にとって二〇一五年の最大の政治イベントだった。

勇ましい行進曲が流れる中、最新鋭の兵器が天安門の前を次々に通り過ぎた。私は大勢の観衆に混じり、双眼鏡やズームレンズつきのカメラを手に、目の前を行き交う軍の兵器や天安門に立つ要人を凝視し続けた。

パレード中はただ決められた席に座っているだけなのだが、体力勝負だった。中国政府が外国メディアに指定した集合時間は午前四時半。場所は北京を東西に貫く目抜き通り・長安街に面した軍事博物館の北側にあるメディアセンター（北京梅地亜中心）の近くだった。軍事パレードのため長安街は二日午後一〇時から通行止めになった。

長安街周辺一帯は夜間の通行が制限されてしまうため、二日夜からメディアセンターに泊まり込んだ。一睡もできず、眠気が残ったまま荷物検査をし、午前五時にメディアに用意された専用バスに乗り込んだ。

誰もいない早朝の長安街を各国のメディア関係者を乗せたバスが連なって走り、天安門前のパレードの観覧席に着いたのは午前六時。午前九時の開始まで、次第に日が昇り、炎天下に変わる中、じっと座って待ち続けた。

一時間ほどすると、外国からの招待者や、一〇個以上の勲章を制服につけた警察幹部らが周囲の席に座り始めた。座席の左側には高さ一〇メートル余りの電光掲示板。午前九時を過ぎると、天安門の北側で各国の首脳が習近平国家主席夫妻と握手し、記念写真をする様子が映し出された。そこには、中国側が招こうとしていた安倍晋三首相の姿はなかった。

軍事パレードの様子は、国営中国中央テレビ（CCTV）などで中国国内で大々的に生中継された。私は双眼鏡で習主席や、その隣に陣取って健在ぶりを示す江沢民元国家主席らの動きをじっと見ていた。国家指導者の生の動きは、テレビでは映されないことが多い。写真や映像を撮影しながら、同席者の表情も観察し、記録した。朴大統領は、パレードが始まると壇上から一時姿を消した。習主席は得意顔でプーチン大統領に何度も話しかけていた。炎天下の二時間余りのパレードが終わるまで、カメラを構えた指先の緊張が緩むことはなかった。

パレードが終わった時には、腕は直射日光で赤々と日焼けしていた。スタンドで見ていた観衆は一斉に天安門広場を南に歩き、汗をふきながら三々五々帰っていった。交通規制はしばらく解除されず、天安門広場周辺ではタクシーなどは走れない。規制が解除されるまではひたすら徒歩だった。二キロ東に歩き、北京駅の近くでようやく三輪タクシーを拾った。約一キロ離れた自宅にたどり着いた後は、緊張が切れてしばらく動けなかった。

パレードの参観者は高齢者から小学生まで幅広かったが、記念すべきこのスタンドに座れるのは、選ばれたごく一部の人だけだ。軍や政府機関、研究機関、医療機関などの職場ごとに集まっていたようだった。

近くにいた人たちに感想を聞いてみた。中年の女性は「私は医療機関の小児科の研究所に勤めていて、職場のみんなと見に来たの。行進する兵士を見ていたら、どんどん気持ちが高ぶってきたわ」と満足げだ。私が「日本の記者です」と名乗ると「日本？　あなた日本人ね」と表情を硬くした。安倍首相は中国側から招かれたものの、パレードなど一連の行事は欠席していた。安倍首相が来なかったことが、この女性には大いに不満のようだった。

「波」がもたらす緊張感

中国では毎年、こうしたいくつかの国内イベントを最重要と位置づけ、それに合わせたムードが国を挙げて一斉に作り上げられていく。こうした「雰囲気」がいったんできてしまうと、国民が疑問を口にしたり、当局を批判することが難しくなってしまう。指導部に批判的な人権活動家はこうしたイベントのたびに行動を制限され、当局は監視を厳しくしていた。

一五年九月三日の軍事パレードに先立ち、八月中旬には天安門広場に万里の長城を模した建造物が築かれ始めた。天安門からそれぞれ東西に約一・五キロ離れた地点に位置する東単や西単の交差点にはパレードにちなんだ飾りが施された植木が現れた。長安街沿いの柵は金色に塗り直され、私の自宅の最寄り駅である天安門から東に約二キロ離れた建国門駅周辺のフェンスも新調された。

中国の年間の主な動き

1～2月	旧正月の大型連休（春節、約１週間）
春節後	各部門が全国人民代表大会（全人代）と中国人民政治協商会議（政協）＝「両会」＝開催に向けた準備
3月上旬～中旬	「両会」開催
5月ごろ	日本から超党派議連などの訪中が相次ぐ
6月上旬	天安門事件（６月４日）が起きた時期にあたり、当局の警戒が強まる
5～7月	北京などで激しい雷雨が続く
7月7日	日中全面戦争の発端となった盧溝橋事件の発生日。歴史問題に注目が集まる
夏	指導部が河北省に集まり重要懸案を協議する「北戴河会議」
8月1日	中国軍建軍記念日
8～9月	日本の終戦記念日（８月15日）の前後に各地で「抗日」機運が高まる
9月3日	抗日戦争勝利記念日
9月18日	満州事変の発端となった柳条湖事件（1931年）の発生日。歴史問題に注目が集まる
10月上旬	建国記念日の大型連休（国慶節、約１週間）
秋ごろ	中国共産党中央委員会総会開催
	国際会議などで首脳外交が活発化。閣僚クラスが随行することも
12月13日	旧日本軍により多くの市民が殺害された「南京大虐殺」（1937年）の日。歴史問題に注目が集まる
年末	各部門は年間のまとめ作業で多忙に

八月後半に入ると、軍事パレードに関する記者会見が増えていった。そのころには主要道路の両側の柵や横断歩道に「抗日戦争勝利万歳」といった真新しい横断幕が目につき始める。そして娯楽番組の放送が禁じられ、北京の中心部は「抗日」ムード一色となっていった。パレード本番を数日前に控えると、世界各地で大きなニュースがあっても、中国国内ではほとんど伝えられなくなる。テレビをつければ「抗日」関連番組や抗日ドラマが否応なしに目に入るようになるのだ。

こうした状態が数日も続くと、私の周囲の中国人の態度も次第に変わってきた。タクシーの運転手たちも「抗日」のキーワードに敏感になり、運悪く気性の荒い運転手のタクシーに乗ってしまうと、「安倍（首相）はどうして中国に対してああいう態度なのか」などと責め立ててくる。一連のイベントが終わり、ムードが変わるまで、時間が過ぎ去るのをじっと待つことになった。

こうした雰囲気は、二〇一二年九月に起きた反日デモの時もそうだった。この時は、八月後半から少人数のデモが始まり、九月に一気に数が膨れ上がった。テレビでは、野田佳彦政権（当時）に対して批判的な報道がますます増えていき、日本以外の外国の報道はほぼ皆無になった。

北京に住んでいて気づいたことだが、日本にかかわる問題で緊張が高まると、北京の街の雰囲気は日に日に明らかに変わってくる。当局やメディアは日本を牽制する報道を増やし、国民はそれに影響される形で言動がより過激になっていくのだ。このように街の空気が変わる現象は、私にとっては暗黙の同調圧力のようにも感じ、「波」と呼んでいた。この「波」がもたらす北京の緊張感を何度も肌で感じた。

しかし、確かにこの「波」はかなり大きなものだが、国民の全体がそれに流されていたわけではない。「当局が意図的に作り出したもの」と冷静に受け止め、こうした空気に批判的な人も少なくなかった。

「抗日テーマパーク」を歩く

中国では毎年、終戦記念日の八月前後になると「抗日」という言葉を頻繁に見聞きする。中国人は日中戦争を「抗日戦争」だと教わり、中国共産党も「抗日」のキーワードを宣伝し、国民に団結を促す。

そんな「抗日」を大々的に宣伝しているテーマパークが山西省にあると耳にした。広大な敷地内には抗日戦争を体験する場所もあるという。

山西省南部といえば、特に知られた観光名所もなく、普段記事で紹介する機会はほとんどない。ここにある「抗日テーマパーク」では、日本人は今も本当に「敵」になっているのだろうか。二〇一五年二月の春節の連休中、ここに向かった。

早朝の飛行機で北京から南西に約一時間半。山西省南部の中規模都市・長治に到着し、高速道路をタクシーに乗って北上した。高速道路の両側の壁の両側には、「犠牲を恐れず」「勝利万歳」といった勇ましいスローガンが目につく。「全国最大の八路軍文化テーマパーク」といった看板もあった。

ここは山西省長治市武郷県。日中戦争の際、旧日本軍と戦った共産党軍「八路軍」の拠点があった。鄧小平や朱徳、彭徳懐らの旧居がある「八路軍総司令部」の跡も残る。一帯には抗日関連の施設が点在し、地元の山西省各地を中心に多くの見学者を集めていた。メディアは複数の施設をまとめて「抗日テーマパーク」と呼んでいる。

山あいの風が吹き込み、まだ雪が残っていた。

まず目指したのが、「八路軍文化園」だ。

入り口には手に握られた巨大な銃や剣の石碑が建っていた。その大きさを見れば、巨額の予算をつぎ込んで建てられたことが想像できた。

パンフレットには、こう書かれている。

「八路軍文化園。一日で遊ぶのは足りない！　園内には、八路軍の生活や生産の現場が再現された『八路村』が設けられています。機械や光を利用し、共同で日寇と戦った苦難の

「八路軍文化園」の劇場で演じられていた旧日本軍兵士の残酷な行為（2015年2月）

過程を再現しています」。

女性ガイドに案内してもらい、文化園の中に入った。カートで向かった先には、八路軍が活動した村「八路村」が再現されていた。近くでは定時ごとに劇が上演されていた。ここには一年間で六〇〇〇回死亡する兵士役を演じた人もいる。

劇場の近くには、おもちゃの銃で兵士を撃つ有料の射撃場もあった。服務員の女性がそこで客を待っているが、ほとんど来ない。相場は一〇発で三〇元。撃たれる標的の的には男の顔が描かれていた。聞くと「これは日本人の顔だ」という。さらにその近くには、野外の射撃場もあった。

じっと見ているうちに、私は初任地だった岩手県で聞いたHさんの話を思い出した。

「八路軍文化園」の中にある有料射撃場。標的は日本人だという（2015年２月）

Ｈさんは戦時中、中国内陸部で戦った。山西省であった内陸部の戦争は非常に激しいもので、多くの部下を失った。奥さんによれば、Ｈさんが日本に戻った後、夜中に戦闘の様子を思い出していつも大声で叫ぶので、同じ所で寝られなくなってしまったのだという。

その激戦の現場は、この辺りだったのかもしれない。

その戦争から七〇年余り。地元では「八路軍太行記念館」で当時の様子が伝えられている。記念館では、共産党が抗日戦争に勝利した成果が強調されている。一方ですぐ隣にあるテーマパークでは、旧日本兵を標的に射撃体験として客から料金を取り、商売にしている。

私は次第に重苦しさを感じた。そこにいた女性従業員にこう尋ねてみた。

「自分は日本人だ。ここが戦争の悲惨な歴史を学び、教訓を伝えていく場所だというなら理解できるが、日本兵をいまだに標的にし続けて金もうけをするのはなぜなのか」。

二〇代とみられる女性の表情が曇り、うつむいて口をつぐむだけだった。

テーマパークの移動には時間がかかり、一日では回りきれなかった。「文化園」から約四〇キロ東に離れた場所に「遊撃戦」を実際に体験できるという場所もあった。ここは二月は寒さのため閉園しており、四月から一一月しか開園しないという。

六月の週末、改めて訪ねてみた。

「遊撃戦体験園」は、朱徳司令官が提案した八路軍の戦術をテーマに建設されたという。レールがついた車両に乗って当時の村の中を銃の模型を持って走ったり、八路軍の軍服を着て光や音の出る銃で銃撃戦を体験するコーナーもあった。

中にはカーキ色の帽子をかぶった兵士の人形がある。従業員の女性は「ああ、それは日本兵よ」と説明した。

私が足を運んだ時は、約三〇人の地元の人たちが来ていた。売店にいた女性に、ここの状況について聞いてみた。

女性は二五歳。地元に住み、月給は一〇〇〇元余り。一日に多い日は二〇〇人余りが訪れ、週末は比較的多いという。しかしここまで来るには交通手段は車しかなく、決して便利とは言えない。女性スタッフはこう語った。「私は日本人と話したことはないが、日本には特段悪い印象はない。行きたいとも思ったことはない。だってここから日本は遠いからね」。

スタッフの何人かに「日本人に知り合いはいるのか」「日本に行ったことがあるのか」と聞いてみた。しかし「行ったことがある」と答えた人は誰もいなかった。彼女たちにとっては、ここに仕事があり、地元で安定した給料をもらえることが最も大事のようだった。

二時間ほど見て回り、出ようとした時には、集団で来ていた人たちのバスや客の姿はなく、閑散としていた。

「貧しい県から抜け出そう」

七月、「抗日戦争勝利七〇周年」の一環で、山西省政府がプレスツアーを企画し、再び武郷県を訪れる機会があった。今度は地元政府の幹部も案内役として姿を見せた。

ツアーの途中、地元の宣伝部長が取材に応じた。部長によると、この地域の主要な産業は電力や石炭だが、テーマパーク関連の事業で一五〇〇〜一六〇〇人の雇用を生み出している。ここには山西省各地からだけではなく、北京や河南省などからも見学者が訪れるという。「旅行者による地元経済への貢献は非常に大きい。これによって新たな生産や雇用をもたらす」と説明した。

中国誌「鳳凰週刊」は二〇一三年二月、こうした八路軍ゆかりの地で盛んな「文化産業」について特集した。武郷県では二〇一〇年八月から、六億元を投じて開発が進んだ。全国的にも二〇一〇年末までに各地の収入は七〇〇〇億元、延べ一四億人を超えたという。

私が二〇一五年二月に武郷県を訪れた時、印象的だったのは町の古びた駅舎だ。大々的に整備されたテーマパークとは対照的な簡素な建物だった。タクシーの運転手によると、この一帯は数十年前、舗装もされていない道路ばかりだった。「テーマパークができ、外から客が来るようになったことでやっと道路も広くなったんだよ」という。

高速道路で県の料金所に通りかかった時、脇にはこんなスローガンが掲げられていた。「率走出国貧県（貧しい県から抜け出そう）」

大規模な工事によって造られた広大な抗日施設と、その周囲の小さな駅や周囲の広大な農村の姿は対照的だった。

日本人の多くは「二度と悲惨な戦争を繰り返したくない」と考えている。もし地元の人の多くに現代の日本の社会や、日本人に対して何らかの接点や親しみがあったなら、いまだに日本人を射撃の標的にするような施設にはならなかったのではないか。この地域では、肌で日本を知る人は少ないのだろう。「抗日」をテーマにすれば、今も日本兵に銃を向けようが構わない。そんな勢いでどんな行為も、商売も許されてしまうのだろうか。

一通り歩いた後、後味の悪さが残った。

抗日ドラマの過剰演出

新緑が青々とした山林には、舗装されていない土色の道が続いていた。道を外れて車を降り、茂みを上っていくと、カーキ色の服を着た男たちの姿が見えてきた。近づいていくと、浅黒い肌をした男たちは古びたヘルメットをかぶり、荷物を背負っている。カメラを手に近づいていくと、周囲の屈強な男が「近づくな！　撮影するな！」と顔にしわを寄せて近寄ってきた。「カーキ色の服」は、旧日本軍の軍服だ。

ここは浙江省杭州からバスで約二時間半、約一三〇キロ南にある街「横店」だ。中国では抗日ドラマの主要ロケ地として知られている。ドラマのロケが連日あると聞き、二〇一三年四月、撮影現場に向かった。

中国では、夜の時間帯になると「抗日ドラマ」が放送される。日本に詳しい中国人からは「いわば日本の時代劇のようなものだね。勧善懲悪《かんぜんちょうあく》のイメージが強い。日本で言えば『水戸黄門』といった感じ」と言う。

抗日ドラマは、日中関係が悪化したり、日本を牽制するムードが高まると大量にテレビで放映されるようになる。二〇一五年九月の「抗日戦争勝利記念日」の前後にも、数多くの番組が当局の意向を反映して制作された。

抗日ドラマでは、国共内戦がテーマになることも多いが、主要テーマは抗日戦争だ。だが実話ではないものもあり、時折「過剰演出」が問題になる。

たとえば、二〇一〇年に撮影された抗日ドラマ「抗日奇俠《ききょう》」。五〇〇〇万元を投じ、米ハリウッドの撮影手法を用いた。インターネットでは「『抗日』と、武道や男らしさを尊ぶ『武俠』を組み合わせ、六人の義士が命運をかけ、中華民族の存亡がかかわる時期に日本軍と波乱の闘争を繰り広げる」と紹介されている。

実際に見てみると、中国人の若者がカンフーなどの武術を使って日本兵を数十メートル投げ飛ばしたりする。

また別のドラマ「箭在弦上《せんざいげんじょう》」では、日本兵に囲まれて襲われた中国人女性が急に飛び上がり、三〇人以上を瞬時に弓矢で射るシーンもある。

二〇一三年三月七日付の中国紙「南方週末」によると、一九四九年から二〇〇四年に撮影された抗日ドラマは一五〇作品余りで、一年に平均で三作品ほどの割合だったが、〇五年には二〇作品、一二年には七〇作品余りが公開されるなど急増した。一二年に中国で審査されたドラマ三〇三作品のうち、その大部分が抗日ドラマだった。「抗日奇俠」はヒット作となり、投じた額の二倍の収益を得たという。

「抗日」をテーマにすれば当局の審査も通りやすいことや、セット・俳優がすでにそろい、作りやすいことも量産の背景にある。

二〇一二年の反日デモで過激な行動に走った若者は、抗日ドラマを見るなどの影響を受け、反日感情を募らせていた。抗日ドラマは反日感情をあおることにもなり、内容が過激になるとかえって当局も無視できなくなる。過剰な演出について、国営中国中央テレビ（CCTV）のキャスターらが特集番組で「青少年にも悪影響を与えている」「歴史の真相を娯楽化するのは愛国主義ではなく、愚民主義だ」と批判したこともある。

制作現場の苦悩

横店には、秦の時代の王宮から一九世紀の香港をイメージした街が至る所で再現され、人工で造られた「歴史上の街」が一〇カ所ほど点在している。観光スポットにもなっており、各地から見物客が訪れていた。

私が泊まったホテルには、抗日ドラマのスタッフがグループで滞在していた。現場の状況を聞こうと日本人だと名乗って話しかけると、不機嫌そうに「こいつは日本人だぞ」と仲間と指をさし、不愉快そうな顔をした。スタッフはいずれもドラマ作りのプロの職人で、決して愛想が良いとは言えない。

街を歩き回って、ドラマの撮影関係者から話を聞くことができた。

黒竜江省出身の三〇代の男性カメラマンによると、二〇一二年は尖閣諸島国有化の影響もあり、抗日ドラマが多く撮影されたが、国共内戦をテーマとした撮影も増えたという。日本兵の描かれ方が変化したか聞くと「毎日いかに良いシーンを撮るかに集中している。他のことは何も考える余裕もないよ」とだけ答えた。

町の一角には、古びたビルの一階に事務所のような部屋があった。この周辺でエキストラの仕事を待つ若者が椅子に座っていたり、たむろしていた。

ここの若者に声をかけてみた。

四川省出身の肖東海《しょうとうかい》さん（二〇）は横店に来て三年目だ。これまでに十数本のドラマに出演し、うち七本が抗日ドラマだった。日本兵役として一日少なくとも八時間働き、撮影は早朝や夜になることもある。その報酬は役柄に応じて四〇～二〇〇元。そこで覚えた言葉は「トツゲキ」「ススメ」「バカヤロ」の三つだ。

日本に行ったことはないが、想像力を働かせ、あえて凶暴な演技を心がけている。「ドラマなので確かに誇張はある」という。「日本とは過去にいろいろあったが、それは過ぎ去った話さ。今の抗日ドラマは娯楽であって、それ以外の何でもないよ」と話した。

旧日本軍の服装をして撮影を待つ抗日ドラマのエキストラの若者たち（2013年４月、浙江省横店で）

抗日ドラマはどのように作られてきたのか。日本兵役を演じた経験を持つある日本人の男性俳優に話を聞いたことがある。私の質問に、こう応じた。

「抗日ドラマの中では、日本兵はステレオタイプなスタイルが多いのです。罪もない弱者を殺す極悪非道な集団にいて、中国事情にもやけに詳しく、中国のことわざを引用しながら戦況を語ったりするのです」。

彼は続けた。「スタッフも俳優全員が中国人である場合には、使われる日本語や名前はおかしなものが少なくありません。残念ながら、効率重視で撮影を急ぐ場合、日本語の台詞はあまり重視されていないのです」。

このままでは等身大の日本人像は伝わるは

ずがない、と彼は心配する。ただ作り手の意識も近年変わってきているという。「良識ある中国人は最近、作品の質を重視するようになり、型にはまった日本兵像しか伝えない作品には厳しい目を向けるようになってきたのです。特に若者は、古くさい決まり切ったイメージには飽き飽きしています。これからのドラマ作りは特定の国への反感を呼び起こすものではなくて、戦争や残虐な行為を繰り返してはならない、というメッセージを込めた内容にした方がいいと思います。中国のドラマの作り手にはより人間性を問うものを目指してほしいものです」と彼は語った。

北京の中国映画関係者からこんな話を聞いた。

中国ではドラマを作る際、台本は宣伝当局の審査が必要だ。年間に製作されるドラマのうち、一定の割合が抗日ドラマになるよう定められている。中国のドラマは主に約三〇話の構成で、一定の大きな投資が必要になる。ドラマがもし日の目を見なければ、投資が無駄になってしまうリスクがある。ところが抗日ドラマは量産されて筋書きが錬り尽くされており、新機軸を打ち出そうとすればするほど、演出は過激になっていくというのだ。

この関係者は、最近の抗日ドラマで演出が現実離れしていくことに対して同情的だった。「現場のスタッフが『こりゃ現実離れしているなあ』と苦笑いしながら撮影している場合もあるんです。当局の方針に逆らえず、現場はあえて抗日の要素を入れるなど、当局の審査を通すためにぎりぎりの判断をしながら制作しているんですよ」。
より質の高い作品づくりを目指す一方、収益や公開を阻むリスクは極力抱えたくない。当局の規制のラインを頭に入れながら、ぎりぎりの選択を迫られる。そんな制作現場の苦悩は今も続いている。

巧みに統制された反日デモ

北京の日本大使館は三環路外側の北東の亮馬橋地区にある。二〇一二年二月に天安門広場の東にある建国門地区から移転した。私は約五年の駐在の間に何度もここに足を運んだ。入り口に日の丸がはためく灰色の建物をじっと眺めていると、二〇一二年秋の反日デモの光景が目に浮かんでくる。

ここでの反日デモは、尖閣諸島に上陸した香港の団体メンバーが逮捕されたことを受けて八月中旬から三〇人規模で始まり、断続的に続いた。八月末には丹羽宇一郎《にわういちろう》駐中国大使（当時）の公用車が幹線道路でドイツ車に襲撃され、日本国旗が持ち去られる事件が発生し、九月一一日に日本政府が尖閣諸島を国有化したことでさらに激しさを増した。

デモの期間中、大使館前には監視カメラがついた電柱がわずか一晩で建てられた。その後大使館の近くには派出所も設置された。日中関係の動向次第でいつまた同じような事態が起きるかわからない、と当局は常に警戒しているようだ。

私は現場の様子を九月一四日付の毎日新聞でこう書いた。

日本政府による尖閣諸島国有化を受け、北京の日本大使館前では国有化に反対する中国人らのデモが連日続いている。大使館周辺では公安当局の多数の制服・私服警官が配置されているが、デモを抑える様子はなく、協力しているようにも見え、当局によって巧みに統制されているようだ。

「続けてもいいが、暴れるな」。警官がデモを終えた参加者に伝えていた。

大使館前では、一一日から三日連続でデモが起きた。一三日は午前九時ごろ始まった。周辺には白い警察車両が並び、非常線が張られ、バスの通行は一部制限された。

二〇～四〇代が多数を占める数人のグループが西側から姿を見せ、「日本製品をボイコットせよ」、「打倒日本人」と一五分ほど叫び続けた後、東に立ち去る。数分後、二〇人、五〇人、一〇〇人ほどで構成する一団が、次々と同じ方向から現れては去っていった。

数十人の警官がデモ隊を監視しているが抑え込む様子はない。デモを終えたメンバーの後をつけると、参加者は再び西側の出発点に戻り、次のデモに備えていた。同じメンバーが繰り返し大使館前を訪れ、同様のデモを繰り返していたのだ。出発地点には、大使館に投げ込まれている水が入ったペットボトルが大量に用意され、デモ隊の背後の支援組織の存在をうかがわせた。

中国国旗を身にまとったメンバーの一人は黒塗りのアウディから降りて合流した。生活に不満を持つ庶民だけが参加するデモではなさそうだ。

現場にいた広東省の二〇代の中国人男性記者は「混乱を避けるため、公安が一〇〇人以下のグループごとに歩かせていた。自主的どころか警察に統制されたデモだ」と解説した。日中外交筋は「政府やメディアが日本への反発を強めている以上、デモ隊を完全に抑えるのは難しい。過激にならない程度に統制しながら、飽きるまでやらせるのが当局の本音だろう」とみる。

デモの参加者が次第に増えるにつれて当局も手を打ち始めた。大使館の正門脇にメディアの取材スペースが設けられ、鉄柵が姿を現した。スペースの出入りには記者証の提示が必要だった。そこにいた警官は「日本人は危ないからここから出るな」と言い、一カ所に集めて取材させようとした。

私が気になったのが、デモ参加者が休息していた道路沿いにずらりと置かれていた水が入ったペットボトルだ。一体誰が持って来て、参加者に提供していたのか。現場で見た限りではわからなかったが、何者かによって組織され、何らかの統制が働いたデモであることはうかがえた。

「日本鬼子は死ね」

国有化後、最初の週末となった九月一五日から一八日が反日デモのピークだった。一五日は北京や上海、重慶など少なくとも五〇都市以上で起き、一日当たりのデモ参加人数や発生都市数では二〇〇五年の小泉純一郎首相（当時）が靖国神社を参拝したことなどを受けた反日デモを上回った。

九月一五日の様子を、当時の日記で振り返ってみる。

一五日は最大規模のデモとなった。朝から大使館前に出かけ、午後四時過ぎまで現場に張り付きだった。

朝自宅を出る。タクシーを拾うが、行き先を「日本大使館」というと運転手にけげんな顔をされた。これからは危険なのでタクシーで電話も含めて日本語を極力話さないようにした。

大使館に着くと、デモが始まっていた。

すでにペットボトルなどが投げ込まれている。記者の取材スペースの周囲は鉄柵で囲われ、脚立がないとデモの写真がうまく撮れない。

人の波は東西から押し寄せては通り過ぎ、また押し寄せる。同じ人間が何度も繰り返していた。

昼は食事のせいか少し収まったが、また二時ごろから激しくなる。ペットボトルや石、その辺の木の破片が次々に投げ込まれる。直撃したのだろうか、一人の武警が担架で運ばれていった。

現場で日本メディアの動きを監視していた北京市公安局の男性は「自分の気持ちは彼ら（デモ参加者）と同じだ。だが君ら日本人記者の安全を守るのが私の職務で、それをまっとうするだけだ。彼らは日本の製品を使っている。彼らは日本の事情をたぶんよく知らないまま反日デモに参加している」と言った。

さらに「日本が島の国有化をしなければ、中国だってこんなことはしなかったはずだ」とも語った。

隣には欧米人のカメラマンがいた。「五年中国にいるが、〇九年のウルムチ暴動以来の激しさで、北京ではこんな騒動は見たことがない」と驚いていた。別の欧米人の記者は「世界で二、三位の経済大国がぶつかっているのに、世界が無関心でいられるはずがない。東アジアの不安定化は世界にとっても無関係ではない。どっちも影響が大きい。これを調

北京の日本大使館前の反日デモ。入り口にはペットボトルや石などが投げつけられた（2012年９月15日）

整できない米国が悪い」と言った。

当時の状況を、現場近くで日本料理店を開いていた日本人店主から聞いたことがある。

店主によると、反日デモが始まると急遽、店の看板を中国国旗で覆った。旗は印刷屋に特注したものだ。当日はデモ参加者が十数人、警官と一緒に店にやってきて、地下一階で食事していた人に「なんで日本料理を食っているんだ」とつばを吐いた。警官は見て見ぬふりをしていた。店は四日間休んだという。

その後は一カ月満席にはならなかったが、数カ月後に満席になった時にはうれし泣きした。

店主は「デモの時の中国人スタッフの対応に助けられた」と振り返った。「日本人は危ないから店には来ないで下さい」と言い、従業員で調理場を取り仕切った。中国人スタッフが状況を逐一報告してくれたという。

デモが続いていたころ、私の職場でもアルバイトをしていた中国人の女子学生らが日に日に落ち込んでいくのがわかった。大学のキャンパスでは「ますます日本に関することを話しにくくなっている」という。私は普段通り接しているつもりだったが、関係悪化は彼女たちの学生生活にも暗い影を落としていた。

反日デモは各地で起きていた。一五日夜になると、山東省青島などで日系スーパーが大きな被害を受けたと伝えられた。事態は深刻だ。その夜にスーパーの担当者に連絡を取り、青島に向かった。

翌日は朝から車で青島イオンや日系家電メーカーの工場や自動車販売店を回った。イオンの窓ガラスや店舗は破壊され、工場や販売店は黒こげになっていた。

青島市中心部から海を挟んで西に位置する黄島区。〇六年に開業した「ジャスコ黄島店」は建物のほとんどのガラスが投石で割られていた。地面には、こぶし大のレンガが目についた。

「日本ばかやろう」「日本鬼子（日本人への蔑称）は死ね」。壁には黒や赤のスプレーで落書きされている。

青島イオンの日本人担当者が、当時の様子を語った。

反日デモ参加者によって破壊された青島イオンの店舗や窓ガラス（2012年9月16日）

「反日デモは一五日午前に起きました。数百人の集団に膨れ上がり、約三〇〇〇人のうち一五〇〇人ほどが暴徒化したんです。警察の制止を振り切り、鉄パイプで店の窓ガラスを割り始めました。店内の食品や家電、薬、貴金属などを次々に奪ったのです。約五五〇〇人の従業員はすべて中国人で、利用者も地元の中国人がほとんど。客や従業員にけがはありませんでしたが、被害総額は二億元は下らない規模でした」。

青島イオンは、地元学生への奨学金支給や緑化事業などの社会貢献でも知られていた。店の関係者は「中国共産党のためでも日本政府のためでもなく、現地の人に喜ばれる企業になれればと地道に事業に取り組んできたんです。ただ反日と叫んでたたき壊す行為が愛国なのか。間違ってますよ」と声を荒げた。

中国人の自省をうながす記事も

日系企業が集まる工業地帯周辺では、日本車の販売店が放火され、横転した車が残されていた。「写真を撮るな」。警官が制止し、立ち去るよう命じた。「ここではあなたが日本人だと分かれば、いつ住民に襲われるかわかりません。日本語はくれぐれも話さないようにして下さいね」。日系企業に勤務する地元の中国人女性はこう私に言った。さらに「デモは日系企業が標的にされたんです。デモの参加者の間で企業のリストが出回っていたんですよ。計画的だった可能性が高いです」と明かした。放火された工場はそれぞれ歩いて行くには距離がある。現場を歩きながら、計画的に日本関連の建物を標的にしていたという見方はうなずけた。

二日後の九月一八日は、満州事変の発端となった柳条湖事件（一九三一年）が起きた節目の日にあたる。この日も反日デモは中国全土の八〇ヵ所に達した。北京の日本大使館には午前八時半ごろから中国国旗を掲げたデモ行進が始まり、一時間後には数千人に膨れあがった。大使館にはペットボトルや卵、石が投げつけられ、外国記者の取材スペースは異臭が漂っていた。

しかし、この時になって大使館前では当局がデモ参加者の過激な行為を抑え始めていた。「法に基づいて自分の思いを表現しよう」などとスピーカーで呼びかける女性の声が響き始めていた。また北京市公安局も、理性的に愛国を表現し、警察の指示に従うよう市民のスマートフォンにメッセージを一斉送信した。

一〇月一日から中国は国慶節（建国記念日）の大型連休を控えており、当局は過激な行為に走った市民を相次いで拘束し、事態収束に向けて動いていた。

当局はデモを管理・誘導し、ある程度デモ自体は容認する。しかし参加者が過激に動き始めた時からは抑えに入る。そして九月末で収束させ、国慶節を迎える。今思えば、当局はそんな筋書きを描いていたようにも思える。

反日デモは、その後になって「職場で動員がかかった」といった後日談を何人かから耳にした。デモの現場に何度も通い、参加者にも個別で話を聞いたが、「日本に行ったことがある」「日本人の友人がいる」といった話を耳にすることはあまりなく、日本のことはよく知らないが、単純に「日本のアニメが好き」といった反応が多かった。

「ジャスコ黄島店」は約五五〇人の従業員はすべて中国人で、店舗の営業停止によって地元客は買い物ができなくなったのだった。

従業員の女性は「店の売り物商品は生鮮食品で、利用者の多くが中国人だった。中国人の常連客から『早く再開してほしい』という声が上がっている」と話した。地元住民の間でも、破壊行為について「やり過ぎだったのでは」という声をよく耳にするようになったという。

沈静化してしばらくすると、中国メディアの報道は、中国人の行きすぎた行為を検証し、自省をうながす記事も目立ち始めた。

陝西省西安での反日デモでは、日本車に乗っていた中国人男性が男に鈍器で殴られ半身不随の重傷を負った。中国メディアは容疑者の男（二一）について、「河南省出身の一八歳で西安に出稼ぎに来ていた。抗日戦争のテレビドラマを好む一方、孤独な生活を送っていた」と伝えた。

海南省では九月二七日、「尖閣諸島を巡る問題で日中が戦争した場合、どちらが勝つか」を巡って議論を始めた中国人同士が口論となり、相手を刺殺する事件も発生し、中国国内で衝撃が広がった。

過激な行動をいったん当局が許容すると、生活に不満を募らせた一部の若者や中高年は一斉に「反日」「抗日」を掲げて暴徒化した。その結果、分別を失った人物が過激になって暴力事件を起こしたり、日系企業で働く中国人との間で混乱や対立を引き起こした。デモの様子に驚いた日本人は中国に対するイメージをますます悪化させ、結局中国人自身も傷つく結果を招いた。

第3章

中国メディアを取材する

2012年の反日デモの様子を伝える中国各紙。連日目を通すと、中国側の微妙な変化が読み取れる

突然姿を消した新聞スタンド

中国国内で声高に叫ばれる「反日」や「抗日」。現場で中国の人たちの言動を見ていると、実際の日本に対する理解が断片的だったり、ステレオタイプなイメージで凝り固まってしまっている、と感じたことが何度もあった。この一因は、中国メディアの伝え方にあるのではないか。そんな思いから、関心は中国メディアそのものに向くようになった。

仕事柄、北京で毎日職場に送られてくる新聞が待ち遠しかった。街の出来事や季節の話題、政治や芸能、日本に関する論評記事など、じっくり読めば新しい発見があった。中国の情報収集はポータルサイト「新浪」や「網易」「百度《バイドウ》」のスマートフォン向け速報サービスなどのニュースサイトが主流だが、一覧性で考えれば、やはり新聞や雑誌の情報は貴重なもので、仕事や日常生活に大いに役立った。

職場や自宅で特に目を通していたのは、「新京報」「京華時報」「北京青年報」の三都市報だ。さらに中国共産党機関紙「人民日報」や「人民日報海外版」のほか、国際情報紙「環球時報」、中国共産主義青年団（共青団）の機関紙「中国青年報」、国営新華社通信が発行し、海外の報道をまとめて紹介する「参考消息」、また週刊の「南方週末」「青年参考」「国際先駆導報」にも時間に余裕がある限り目を通した。一部一元、または数元程度の安さで、時事中国語の教材としても重宝した。

雑誌では、通信社系の「瞭望東方週刊」、商業時事雑誌「看天下」「博客天下」「南都週刊」など。いったん見始めるとテーマは幅広く、細かく目を通すにはそれなりの労力や時間が必要だった。

近年数が減少した北京の新聞・雑誌スタンド（2014年10月）

スマートフォンを手にする人があちこちで目につく光景は北京も日本とほとんど変わらない。都市部では新聞を手にする人はますます少なくなっている。二〇一四年夏、職場がある建国門地区一帯の光景が一変した。
北京のあちこちに見られた新聞・雑誌スタンドが、突然次々と姿を消していったのだ。一緒に飲料などを売っていたことが市当局から「違法」と見なされ、移転を命じられたのだという。これには市民から「当局が景観を損ねるとして対策を講じた」「当局が市民からメディアを遠ざけるための規制の一環では」といった声も出た。

私がよく買っていたのが、北京市中心部を東西に貫く幹線道路に面した地下鉄「建国門」駅の地上出口の売店だった。ここにあった新聞スタンドには一〇〇種類近い新聞や雑誌が並んでいた。携帯電話用のプリペイドカードに加え、夏の暑い日には水やジュースもあった。

当局寄りの新聞までも反発

姿を消した後に一〇日ほど経って、また同じ店主が以前の場所に即席の露店を構え、新聞や雑誌を細々と売り始めたが、種類は約三分の一になっていた。付近ではスタンドの数は半分以下になった。私は自転車であちこち新聞を求めてスタンドを探し回るようになった。

顔なじみの店主に事情を聞いてみた。「『都市の美しい景観を守るためだ』と言って当局から閉店を命じられたんだよ。露店にしたが売り上げは七割落ちて、月収は一五〇〇元程度になった。仕事を続けられるか心配だよ」。店主は河南省出身の三〇代で、妻と助け合って店を守ってきた。仕事の時間は早朝六時ごろから深夜まで。地方出身者が家族で営むことも珍しくない。

当時の北京紙「新京報」などによると、新聞スタンドについて「許可された経営者が

（いつの間にか）別の人に代わっていたり、『世論の拠点』という本来の目的とは異なる飲料や軽食まで販売されたりするようになった」として、北京市朝陽区は七二のスタンドの移転を命じたという。一部店主は移転に同意したが、多くは移転先が決まらずにしばらくそのまま販売を続けた。

新京報の投書欄には「確かに都市の美化にはなるだろうが、一体どこで新聞を買えばいいのか説明してほしい」との戸惑いの声が掲載された。

「北京晨報」もこの時期「スタンドは都市の『にきび』ではない」と題した論評を掲載した。「当局の一連の対応は、『景観』が『文化』よりも重要だという市の意思を示したことを意味する。新聞や雑誌は文化の構成に欠かせないものだ。スタンドは新聞や雑誌の流通システムの毛細血管であり、これが切れてしまったら血液が通らなくなり、最後には死に至る」と当局を批判。さらに「一方的に移転を命じるのではなく、実態を調査し、市民から意見を集めて善処すべきだ」と訴えた。

この件には、中国当局寄りの論調で知られる国際情報紙「環球時報」までもが反発した。

中国メディアによると、それまで北京市内の新聞スタンドは約二〇〇〇あった。一九九九年ごろまでは一〇〇〇ほどだったが、北京五輪が開かれた二〇〇八年には約二五〇〇に増えた。しかしインターネット普及によって減り始めた。

中国インターネット情報センターによると、中国のネット利用者は七億人に達し、スマートフォンでのネット利用者はパソコンを上回っている。

ネット利用者の増加は、メディア側にも影響を与えている。北京の主要紙の幹部は「数年前まで広告を含めて一部一〇〇ページ以上あった新聞が今は広告の減少で八〇ページを切った。週末は二〇ページ程度の日もある。地下鉄で新聞を読む人は〇〇年ごろには一車両に五、六人はいたのに今はほぼゼロ。ニュースをスマートフォンで見る時代になった」と苦笑した。

この幹部によると、広告がネットに移行したことで、一部の社員の給与は近年三分の二に落ち込んだ。国際ニュースの枠は二ページから一ページに減らされ、「日本の話題も大事な内容がたくさんあるのに扱う機会が減っている。スタンドが減ることで新聞の売り上げが落ち、この流れにはいっそう拍車がかかる」と懸念していた。

習近平政権は、中国国内の報道を規制し、メディアに対しては厳しい管理を続けている。当局からの干渉が増えている現状に失望し、より自由な取材の機会を求めて新聞からネットメディアに移る有能な記者は後を絶たない。

街からスタンドが減る影響を知人のジャーナリスト、陳言さんに聞いてみた。二〇〇三年に日本から中国に帰国し、月刊誌で主筆などを務めてきた陳さんも不満顔だった。「毎日多様な情報が必要で、新聞や雑誌を買っている私には不便極まりないですよ。区の対応を批判する市民や知識人の声をよく耳にしますよ」という。

日本では新聞や雑誌を定期購読すればきちんと自宅に配達される態勢が整っているが、中国では金額を振り込んでもうまく届かないことが珍しくなく、スタンドで買う方が楽だという。

「ネットだと閲覧数の多い派手な見出しのニュースが目に入ってくるので大事な情報を見過ごすことが少なくないのです」と陳さん。「今起きていることを一通り頭に入れるには、新聞や雑誌メディアは結構役に立つのです。多様な記事や意見を知る機会が減れば、市民の視野が狭くなりかねません」と心配していた。

かつて北京で日中のメディア幹部が交流した際、こんなやりとりを耳にした。

日本側　「日本では今、電車で新聞を読む人はほとんどいなくなりました。日本の新聞社は部数が減少しています。メディアを巡る状況は大きく変わっているのです」

中国側　「日本の新聞はこの一〇年でも（中国と比べれば）あまり減っていないのではないですか？　中国では二〇一五年には一〇年前と比べて新聞は五〇％も減っています。日本では新聞紙を届ける人が読者と良い関係を作っていますね。中国はそこから多くを学ばなくてはいけないと思います」

むしろ中国では、新聞や雑誌の部数減のスピードが日本よりも速く、日本から学ぶべきだ、という受け止め方になっている。

広大な大陸を行き交い、郵送に時間や手間がかかる中国では、インターネットの発達が新聞部数の減少にいっそう拍車をかけている。今、北京のオフィス街ではスタンドを見つけることすら容易ではなくなった。変化のスピードが速く、指導部の方針が突然変わることもある中国では、五年後、一〇年後のメディアの未来像すら読みにくいのが実情だ。

中国側の本音が見える「環球時報」

中国各紙に目を通すことが日課の中国駐在記者にとって、国際情報紙「環球時報」の熟読は連日欠かせないものだった。世界各地の情報が中国側の視点で編集されていることに加え、社説では中国国民の自尊心を満たすような対外強硬論が掲載される。

紙面での批判の矛先の一つは日本だ。刺激的な見出しや記事は一見分かりやすいが、日本人が読めば誤解や反発を引き起こしかねない。「環球時報」はどんな作り手によってどう編集されているのか。同業者でもあり、紙面作りの現場には興味があった。

「環球時報」は中国共産党機関紙「人民日報」を発行する人民日報社傘下の新聞の一つと

位置づけられ、中国当局の意向をある程度反映した内容だとされる。また国内での人権問題など、他の新聞がなかなか報じない内容を突然伝えることもある。公式発表が限られている中国で、中国側の意図や本音の一つをうかがうことのできる「便利な存在」でもある。

二〇一五年一二月に北京で開かれた環球時報の年次総会で配布された資料によると、一九九三年に「環球文萃」という名で創刊され、九七年に「環球時報」と改名した。九九年に発行部数は一〇〇万部、〇一年に二〇〇万部に増え、〇七年にウェブサイト「環球網」が創設された。〇九年に英語版「グローバル・タイムス」の編集を開始。一三年に米国版、一四年に南アフリカ版が創刊されている。北京では一・五元の安さで、北京市中心部ではほぼすべての新聞・雑誌スタンドに並ぶ。一五年の予約購読部数は前年を七％上回ったという。

北京や上海、杭州、広州などで発行が多いが、国内線を中心に、航空機内で手に取る人の多さには驚かされた。一五年には二〇の国内外の航空会社の四〇〇余りの路線で配られ、機内での発行は二五万部に達するという。読者層は七割弱が男性で、二〇〜四〇代の読者が多く、六三％が大卒だ。

資料で興味深いのは、資金に関する記述の多さだ。「〇三年、広告額が二億元を突破」「半ページ広告費はカラーで一六万四〇〇〇元」などと紹介され、「収益重視」の姿勢がうかがえる。中国人記者は「読まれる記事にするため、あえて刺激的に書く傾向もある」と指摘する。寄稿したり、取材を受けた関係者が「本当の意図と違うトーンで掲載されてしまった」と嘆く声を何度か聞いた。

記事の主な書き手は、世界各地に駐在する三〇〇人余りの人民日報の記者とその家族、中国大使館員、留学生、企業の駐在員らだ。二〇代の記者によると、職場では成果主義が貫かれ、常に一定の出稿量を求められる。記事の出来次第でランク付けされ、給料が変動するという。

一一年七月に出版された社説集によると、胡錫進編集長と社説担当の幹部でテーマを決め、専門家に電話をかけ始める。意見を集めた後、夜になって再び幹部で意見交換し、内容を書き上げる。胡編集長は「環球時報は日本など他国の外交当局とも良い関係を維持している」と主張する。

しかし「環球時報」の社説については、「民族主義的だ」との国内外からの批判も根強い。時折寄稿するという学者は「中国の公式見解とは外務省などが発表するもので、環球時報は異なる。環球時報で正確なのは内容の七割程度」とみる。さらに「人民日報の傘下なので敏感な問題でも掲載できる特権はある。しかし外国に反発するばかりの紙面では、良識ある国民からの支持は得られないのでは」と話した。

中身は「大衆の本音」

一二年五月、人民日報社の敷地内にある社屋を訪ねた。思ったより小さな建物で、会議室に入ると、そこには英語版、中国語版が用意されていた。取材には、副編集長の呉傑さん（四八）が応じてくれた。

――社員は何人いますか。

取材・編集スタッフは中国語版と英語版で計三〇〇人ほど。国外には記者が日本を含めて四〇〇人います。国外の多くの記者は正社員ではなく、人民日報の特派員や、各地に長く住む識者らで、記事が掲載されれば原稿料を払う形です。編集スタッフの平均年齢は若く、中国語版の平均年齢は三二歳、英語版は三〇歳に満たないですね。英語版には米国人や英国人、インド人ら外国人スタッフも四〇人ほどです。

――中国語版と英語版の内容は一緒ですか。

編集部が二つあり、報道内容が全く同じではないですが、大きな方針は一致しています。外国人が興味深そうな内容は英語版、中国人に面白いと思われそうな話は中国語版に掲載しています。

――一日の仕事の流れは。

午前九時に出勤し、一時間後には大まかな内容を決めます。その後新たなニュースがあれば加えます。夜一一時には紙面ができ、締め切りは中国語版が午後一一時、英語版は午前一時です。

――日本に批判的な記事が掲載されるのはなぜですか。

基本的には客観的事実に基づいています。もしそう思われる部分があるなら、それは中国の大衆の志向や声を伝えたものです。日本に厳しい言葉を使うのは、日本のやり方が行き過ぎだと感じられる時です。社説以外の記事は「百家争鳴」の感覚で、さまざまな意見を紹介しているつもりです。日本のアイドルグループ「AKB48」の戦略を学ぶべきだと論評記事を掲載したこともあります。

――社員の日本に対する印象は。

多くのスタッフは日本に行ったことがあります。私自身も日本には比較的良い印象を持っています。日本を知ってからは、より客観的に報じているつもりです。我々の目的は両国の友好であり、両国関係の大局に立ち、民間交流を促進したいというのが基本的な立場です。

社屋の中には過去の紙面が張られ、紙面の細かい修正点がペンで書かれていた。発行さ

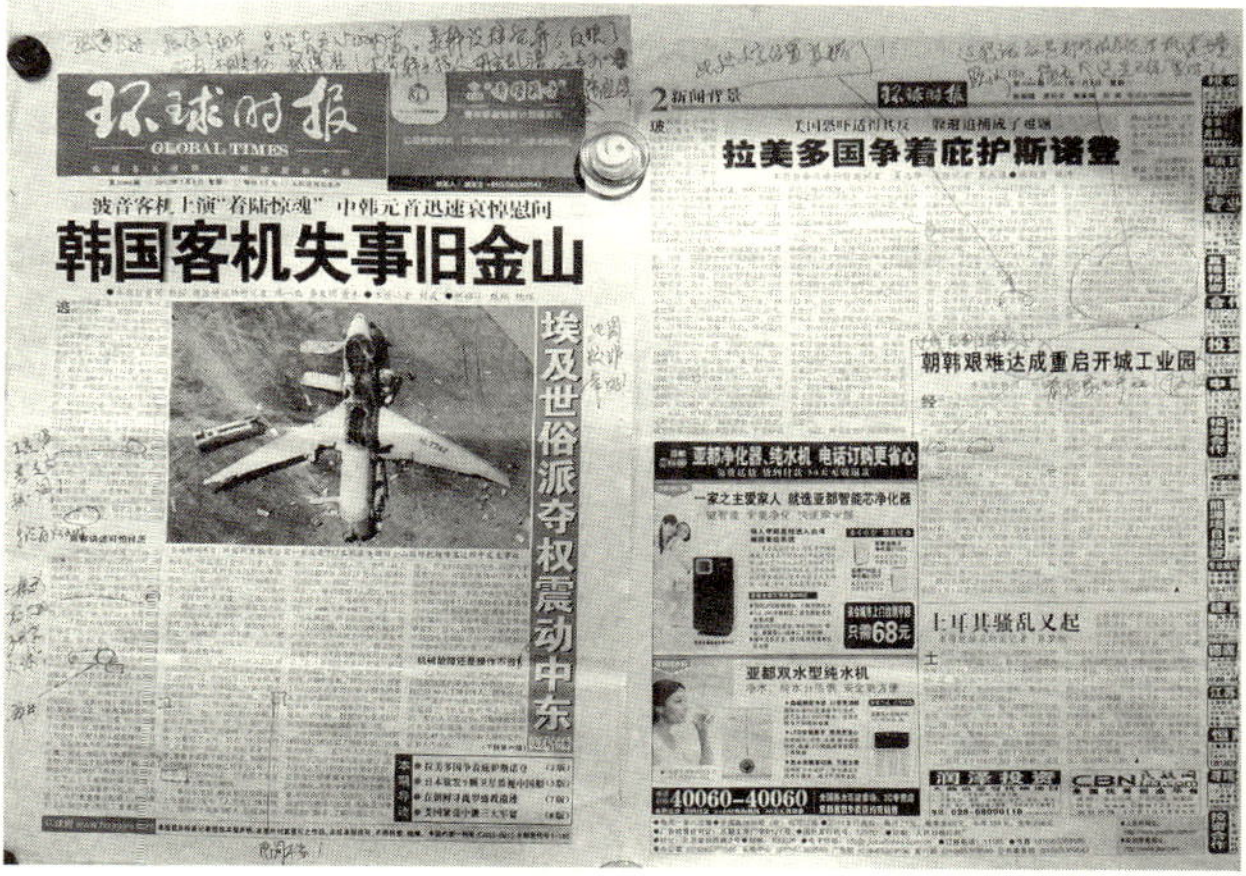
环球时报
GLOBAL TIMES
波音客机上演"着陆惊魂" 中韩元首迅速哀悼慰问
韩国客机失事旧金山
埃及世俗派夺权震动中东
2 新闻背景
拉美多国争着庇护斯诺登
朝韩艰难达成重启开城工业园
土耳其骚乱又起
亚都净化器、纯水机 电话订购更省心
一家之主爱家人 就选亚都智能芯净化器
只需68元
亚都双水型纯水机
40060-40060

ベテランのチェックが入り、内部で張り出される「環球時報」の紙面（2013年７月）

れた新聞を見て、この部分はこう表現すべきと学者やＯＢが指摘するのだという。

その後の一三年七月には胡編集長が取材に応じた。胡氏はその発言が中国国内で注目される人物だ。胡氏は一九六〇年生まれで北京の出身。中国軍の南京国際関係学院でロシア文学などを学び、八九年に人民日報社国際部に配属。人民日報旧ユーゴスラビア特派員を経て二〇〇五年から編集長を務めてきた。

オフィスで胡氏は、環球時報の報道の現状や自身の対日観について語った。

――環球時報の日本報道の近年の変化は。

ここ一、二年の日本との関係は転機を迎えています。主権や歴史問題などで対立することが増え、米中や台湾と比べても日本関連報道は確実に多くなりました。読者の関心を考えて編集した結果、自然に増えてきた印象ですね。ですが最近は、日本を扱えば特に売れるということはなく、連日一面を日本関連にするのは本意ではありません。

――以前との違いは。

日本は文化や技術が発達した国であり、中国との差はまだ開いています。環球時報は、日本から学ぶべきだとの記事をこれまで何度も載せていますよ。ただ中国で日本の影響力は以前ほどではなくなり、経済や文化の話題は減りました。日本の芸能人や新技術に新しい動きがあれば報道しますが、中国で日本の主な話題は主権を巡る争いや首相の頻繁な交代などの政治問題と自動車くらいです。

――日本を牽制する新聞だと思っている人もいます。

報道の一部の内容だけが切り取られて伝えられるため、誤解されています。問題の背景などを分析しながら伝えているつもりです。事実に基づいた報道を心がけていますが、両国国民の認識が一〇〇%一致するのは難しいです。

――人民日報系列で、報道内容は党や政府の見解に近いとの見方もありますが。

正確ではないですね。私は人民日報から任命されていますが、読者の購読料や広告が経営基盤です。我々の役割は「大衆の本音」を伝えることで、いわば政府と民間との中間ですね。

——日本についての見方は。

取材などで二回訪れましたが、丁寧な応対を受け感動しました。発達した国ですが、中国に災いをもたらした国でもあり、複雑な相手です。ですが政治問題を理由に交流が停滞していることはとても残念なことです。両国は絶えず発展し続ける必要があり、日本との対立を深めることは絶対望んでいません。

日本関連のニュースが相当な割合を占める環球時報だが、日本についてどの分野に特に注目しているのか内部の関係者に聞いたことがある。順位をつけると「一、政治、外交、二、経済、経営、三、環境問題、科学技術、四、文化を含めた社会事情、五、スポーツ、芸能」となるそうだ。

国際情報紙の看板を掲げており、実際に中面で日本に関する話題を時折伝えている。私が駐在していた間、たとえばこんな内容が掲載されていた。

・「日本で忍者の夢を叶える」（一一年九月）
・「甲子園、強い高校生が全国を感動させる」（一一年一一月）
・「盛岡の人は麺を（わんこそばで）一〇〇杯以上食べる」（一二年一月）

・「日本国民は宝くじに新年の夢を託す」（一三年一月）
・「日本三大美人の地には特色がある」（同）
・「日本の政治家には座禅で心を清める伝統がある」（一三年四月）
・「川崎のドラえもんの故郷を行く」（一三年五月）
・箱根駅伝「数十万人の観衆が訪れ、国民性を強く表している」（一四年一月）
・「宮崎駿氏の美術館を行く」（一四年二月）
・「早起き読書会で人脈広げる」（一四年九月）

このように、政治経済以外の中国人の日本に対する関心事が並ぶ。

胡氏と実際に話してみて、やりとりからは日本への強い関心がうかがえた。だがその報道のスタンスからみれば、今後も日本批判が収まることはないだろう。取材をしてからは、この新聞を読むたびに、参考にはするが内容は公式見解としてそのまま真に受けるべきではなく、「体制派に近い層が普段大声では言いにくい本音の一つ」といった感じではないか、と考えるようになった。

中国人記者が見た東日本大震災

中国の新聞や雑誌に目を通すにつれて、私の同業者である中国メディアの記者たちが日々何を感じながら現場で取材しているのかを知りたい、と思うようになった。取材先で偶然会った中国メディアの記者や、関係者のつてをたどった。

日本では、中国メディアの記者は「当局に報道内容を制約されて自由がない」と思われがちだ。しかし実際には、さまざまな制約を抱えながらも「真実を伝えたい」と考えている人もいる。近年は報道の方法や取材のスタイルは変わってきている。

中国メディアの海外取材も例外ではない。国営新華社通信や国営中国中央テレビ（CCTV）といった官製の大手メディアは東京などに駐在記者を置いており、現場から本国に中継することもある。一方で「新京報」といった商業メディアの記者は、限られた予算や、適切な人材が確保できないなどの理由で海外に出て取材をする機会は限られている。

だが、こうした現状を変えた出来事が、二〇一一年三月の日本の東日本大震災だった。東北地方が津波に覆われ、福島の原発事故を巡る日本政府の対応は世界的な関心を集めた。震災は中国でも大きく報じられ、日本に取材拠点を持たない中国の商業メディアの記者は、発生直後から取材ビザを相次いで申請した。日本大使館は取材目的として短期商用ビザを速やかに発給し、記者たちは次々に東北の被災地に向かった。商業メディアの多くの記者が、自分たちの問題意識で日本国内を動き回るこれまでにない機会を得た。

当時の影響や意義を、中国人ジャーナリストの陳言さんが振り返る。陳さんによると、二〇〇〇年代に中国メディアが日本について大きく報じたのは、小泉純一郎元首相の靖国神社参拝など、政治や歴史、主権に関する問題がほとんどだった。好意的に報じたのは四川大地震（〇八年）の時の日本救援隊の黙禱《もくとう》などに限られていた。多くの記者は日中間で問題が起きても直接取材ができず、官製メディアの報道内容を見ながら記事を作ってきた。「日本に行ったこともない記者が、日本について書くのが一般的だった」という。

だが東日本大震災はそれを変えるきっかけになった。発生から一年の間に一三〇件近い取材目的のビザが発給された。

中国の記者たちが飛び込んだ現場は驚きの連続だった。日本では被災者たちが物資を奪い合うこともない。あれだけの地震が起きても建物は一部しか崩れない。犠牲者や避難者の数を正確に把握・公表し、名前も一字一句間違わない。「中国ならもっと多くの人が犠牲になったのではないか」。中国の記者たちはそう実感し、日本を批判するどころか、高く評価する記事を書いた。

「それまでの中国の災害報道は、当局の救援ぶりや、作り上げた英雄の活躍ぶりを伝えることが中心で、被害の実態や犠牲者の数などは覆い隠されてきました」と陳さんは言う。震災発生当初、中国では「日本に対する天罰だ」と悪く言う論調もあった。しかし「逆の立場だったらどう思うか」という声が出てからは、消えていったという。「今後は、多くの人が知りたい情報から優先して伝えていく客観報道が中国でもいっそう求められていくでしょう」と陳さんは指摘する。

陳さんは「ビザを迅速に発給した日本政府を私は評価しています。日本政府には今後、こうした中国人記者やオピニオンリーダーがより簡単に、継続して日本で取材できる機会をぜひ増やしてほしい」と訴えた。

私は北京で被災地を取材した経験のある記者に何度か会ったが「日本の大震災の現場取材は、自分の記者人生の中でも最も大きく、記憶に残った経験だった」と口をそろえた。

震災から一年が過ぎたころ、中国メディアはその後の日本の様子を相次いで特集した。中国中央テレビ（CCTV）は二〇一二年三月一一日午後から、ニュース専門チャンネルで二時間の特別番組「一年後」を放送した。東京で開かれた追悼式典を同時通訳を交えて生中継し、当日はチャンネルの大半を「震災一年」報道が占めた。

「一年後」では、一年前と現在の現場の変化や難航するがれき処理、東京電力福島第一原発の周辺、原発停止による電気料金値上げの動き、震災対応が招いた政権の不安定化といった内容を詳細に報じた。

さらに震災を経て、日本人の心境が変化したことも紹介した。崩壊しかかった家庭の再生を描いたテレビドラマ「家政婦のミタ」が共感を呼び、一一年のドラマで最高視聴率を記録したことや、結婚を決心する若者が増えたこと、一年を表す漢字に「絆」が選ばれたことを繰り返し伝えた。

ＣＣＴＶの女性プロデューサー、厳敏さん（三三）によると、番組は東京の三人に加え、タイと香港から応援が加わって七人の記者を現地入りさせた。「現場に根ざした客観的で冷静な内容を心がけた。日本や日本人を批判する意図は一切なかった。震災から一〇〇日後も特集番組を作り、放射能漏れや被災地の動向は、中国にとっても大きな関心事であることに変わりはない」と語る。

被災地から中継した東京特派員の顧雪嘉さん（二七）は、仕事の合間にボランティアもした。「被災地には一年で一二回入った。被災地の人の親切に触れ、一年間被災者がどんな思いで過ごしてきたか自分で見たままを伝えたいと思った」と話した。

新聞社の関係者にも聞いてみた。

北京紙「新京報」は、震災から一年に合わせて記者の派遣はできなかったものの、三月一一日に「震災後の四季」と題して一一ページにわたる特集面を掲載した。

中国から日本への記者派遣はコストがかかることから、一年の節目に現場に記者を出せた社は限られた。しかし多くの社は、現場の深刻さを熟知しており、日本メディアを参考にしながら、現場の様子を何とか伝えようとしていた。

新京報で管理職を兼ねる白飛記者（三四）は震災の発生翌日から被災地に入り、一〇日間取材した。一年後の現地の様子を現場で見てみたかったが、被災地には入れなかった。だが現地の取材経験が一〇ページを超える紙面づくりに役立ったという。「自分にとっては震災が最大のニュースだった。一年の節目に特集記事を載せるのは当然のこと」と振り返った。

在日中国人や日本を訪れる中国人は増え続けている。日本で有事が起きれば、旅行に行っている家族や親戚も被害に巻き込まれる可能性は高まった。こうした手厚い報道ぶりは、中国人にとって、ますます日本が近い国になっていることを反映している。

災害報道の質の向上

中国メディアは近年、現場取材をいっそう重視している。顕著に現れるのは、豪雨や大地震など、自然災害が起きた時だ。ＣＣＴＶなどはこうした時には次々に速報を流しているが、報道のスピードは向上している。

二〇一三年四月、四川省雅安市でマグニチュード七・〇の地震が起き、一八〇人以上が死亡した。この時中国メディアはどう伝えたのか。地震から少し経った後、二人のメディア関係者に話を聞くことができた。

一人目は北京青年報の写真記者・崔峻《さいしゅん》さん（四四）だ。崔さんは、フリーカメラマンを経て二〇〇〇年に北京青年報（一九四九年創刊）に入社。同紙は共産党の青年組織「中国共産主義青年団」（共青団）の北京市委員会が発行する機関紙で、北京では「新京報」「京華時報」に並ぶ人気商業紙。カラーの多い紙面が特徴だ。

東三環路の東にあるオフィスから北京中心部を見下ろしながら、崔さんは当時を振り返った。

崔さんによると、地震発生直後、会社がある北京から六人、北京に近い場所にいた写真記者一人が四川省の被災地に向かった。応援の記者が続々とテントや寝袋を携えて現地に入り、計一八人で取材した。約八万七〇〇〇人の死者・行方不明者を出し、取材が長期化した四川大地震（二〇〇八年）の時に被災地に派遣した記者が計一六人（記者一〇人、写真記者六人）だったことを考えれば、現場取材が重視され、陣容も手厚くなったという。

現地取材では、どこの被害が大きく、救援作業が続いているか、被災者の様子はどうか、寄付やボランティアなどの支援の現状の部分を重視した。指導者の動きも伝えるが、読者の一番の関心はやはり被災の様子であり、できる限りスペースを使って図や写真を載せた。

崔さんは、日本の東日本大震災についても触れた。

「福島、宮城、岩手の各県を訪れました。その時、災害取材でガソリンや車載充電器がいかに大切かを痛感しました」。ガソリンが切れ、長い列で待っていた時、名刺を見せたら給油を優先してくれたことが三度あり、日本人の気遣いに感動した。

こうした経験が、二年後の四川省雅安の取材で生きた。社では非常食や薬品を事前に備え、ガソリンは常に満タンにする意識が働いた。突発の自然災害や事件・事故に対応するための特別報道グループ（約四〇人）を発足させ若手記者に経験を積ませるようにした。中国版ツイッター「微博《ウエイボー》」や中国版LINE「微信《ウエイシン》」も活用した。

「私自身、本格的な災害取材は〇八年の四川大地震が初めてで、若手もまだ蓄積が足りません。被災者の心情を十分に伝え切れたとは言えず、さらに経験を積む必要があります」と崔さんは語った。

CCTVで雅安地震の現地報道のとりまとめを担当した楊華ニュースセンター副主任にも聞いた。楊さんは、中国人民大学を卒業後、一九八九年に入局し、記者やディレクターを務め、今回の地震では現場で取材を指揮した経験を持つ。

CCTVのオフィスは北京の軍事博物館の西隣にある。建物の奥にある部屋に案内した楊さんは当時の様子を振り返った。

楊さんによると、発生直後の数日間は一四〇人近い態勢を取った。〇八年の大地震の時よりかなり早く現地の被害の様子を伝えることができた。

この五年前は、中国国内の取材拠点は主に北京が中心で、世界でも一〇余りの取材拠点しかなかった。このため〇八年の地震では、飛行機で四川省入りし、到着に時間を要した。この反省から取材拠点を増やし、国内すべての省都のほか、世界でも七〇余りの拠点を設けた。国内各地の拠点に中継車を備え、二〇人余りがいるという。

雅安の地震では、現場の四川のほか貴州、陝西、甘粛省などからも記者を集め、約三時間半後には震源地に到着できた。迅速な海外発信も重視し、英語で伝えられる記者も派遣した。これは五年前にはなかったことだった。

さらに〇八年以降、情報伝達システムが向上した。国内の各県には連絡員を配置し、地震にとどまらず、水害や火災が起きた際には、本社のスタッフや現場記者の携帯電話に情報が伝達・共有される仕組みも整えた。

だが、楊さんは「態勢はとても十分とは言えない」という。東日本大震災を伝える日本のテレビ報道を中国で見ていて驚かされたのは、空からの映像の多さだ。CCTVにはヘリが数機しかなく、緊急時に飛ばすとなると申請の手続きが複雑だ。空からの映像は災害の全体像を伝えやすいが、技術が専門的で、重視すべき課題だという。

日本の震災報道には、被災者の心情に配慮し、報道被害を与えないよう努める姿勢もみられた。それを見ながら、どうすれば被災者を支える報道ができるのか議論し、考えてきたという。福島原発を巡る問題を機に、記者の安全をどう守るかという問題意識も生まれてきている。

微博や微信が普及して情報量が多くなり、ボランティアの数も〇八年の時より増えた。「迅速で理性的な報道がいっそう求められてくる」と楊さんは締めくくった。

北京でテレビや新聞、インターネットのニュースを見ていると、より視覚的に、わかりやすさを意識した報道が中国でも少しずつ浸透してきているように見える。自然災害への対処は日中共通の課題だ。大災害から得る経験や教訓は、国を越えて情報共有され、積み上げられていくべきだろう。中国の災害報道の質の向上は、自然災害の多い日本にとってもプラス効果をもたらす可能性を持っている。

当局による現場での記者管理

高速道路の高架下には、ひしゃげて黒こげになったコンテナがあちこちに散乱し、建物の周囲にはガラスの破片が飛び散っていた。警官や市民はマスク姿で道を行き交っていた。

二〇一五年八月一二日夜に天津市浜海新区の倉庫で起きた大爆発は、一七〇人以上が死亡・行方不明となった。発生を受けて職場の車で現場に向かい、マスクを着用して爆発現場から約三〇〇メートルほどまで近づいた。現場から立ちこめる煙を一〇分ほど撮影した

大爆発後の現場。コンテナの山は大破し、奥から黒い煙が立ちこめていた（天津市浜海新区で）

ところで、警官が「ここから立ち去れ」と記者とカメラマンを追い払い始めた。その後間もなく、現場から周辺二キロ以内は立ち入り禁止になった。

浜海新区の現場付近には、約四〇種類計約三〇〇〇トンの危険物質が保管されていた。発生直後は大量の化学物質が空中に飛散したが、目では煙しか確認できない。現場に近づいた日本メディアの同業他社の記者やカメラマンの間で、後になって体調不良を訴える人が続出した。

現場の様子を上から撮影しようと、倉庫の近くを通る高架の高速道路を車に乗って通ってみようとしたが、通行止めになっていた。発生直後、現場周辺は渋滞に見舞われ、この日は近くの病院やショッピングモールを回って現場の記事をまとめることで精一杯だった。

中国で突発的な事件や災害が起き、現場がまだ混乱している時、メディアの到着が早ければ現場にかなり近くまで迫ることができる。だが数時間が過ぎると、当局が非常線を張り、そこから先には入れなくなってしまう。

中国国内で大きな自然災害や事故が発生して半日ほどすると、現場に居合わせた記者やカメラマンたちの間で、現地の主要ホテルなどに「プレスセンターができた」という情報が流れ始める。プレスセンターでは、当局者が定期的に記者会見を開き、概要の説明をする。ここに加わるには、現地に入った記者は名前や連絡先を登録することが必要になる。ここから当局の記者の管理が始まる。

記者会見に出たとしても、出席する当局の担当者が公式見解を棒読みするだけのこともある。だが当局者が重要な発表をすることもあるため、登録せざるを得ないことも少なくなかった。

記者はプレスセンターで登録すると、その後の当局者の現地説明の案内の情報が来る場合がある。現場に近づけることもあるが、これは当局が許可した場所に限られる。

外国メディアからすれば自由に現場が取材できずもどかしさを感じるが、中国ではこうした取材パターンがほぼ定着してきている。メディアとしては、こうした条件の中で、どのように現場に迫った取材ができるかが問われていくことになる。

長江の対岸の湖南省に渡って望遠レンズで撮影した「東方之星」の船体（2015年6月）

この年の六月には長江に面した湖北省監利《かんり》県で四四〇人以上が死亡する大型客船「東方之星」の転覆事故が起きたが、現場に近づくのは容易ではなかった。発生直後、上海支局の同僚がまず現地入りしたが、船体を目で確認するには街の大通りから長江沿いに一〇キロ近く南に進む必要があった。

発生から間もなくして、この道路の入り口の通行が規制されてしまい、現場の船体を見るにはボートで長江を渡って片道二時間余りかけて対岸に行き、そこから望遠レンズではるか遠くの船体を眺めるしかなかった。

私は途中から現地入りしたが、現場の近くにいながら、現場の詳しい情報を知るには国営中国中央テレビ（CCTV）の映像で確認するということになり、「せっかくここまで来たのに」

という悔しさが募った。

当局側の情報管理に、現地にいたメディア関係者からは不満の声が噴出していた。それ以上に、乗客の安否が判然としない家族たちの思いは複雑だっただろう。家族ですら当局の許可なしに船体に近づくこともできず、現場から何キロも離れた長江の岸辺で花をたむけるしかなかった人もいる。そこからは船体がまったく見えなかった。

転覆直後から李克強首相も現場に急行した。生存者の確認のためダイバーが何度も長江に潜ったが、船のドアを開けるのは難しく、川の水はにごった状態が続き、救出作業は難航した。

しかし転覆から七二時間が経過すると、当局は一気に船体の引き上げに動き始めた。クレーンのワイヤーで船体を釣り上げ、回転させて船体の上下を元の状態に戻した。天井がつぶれた船体が姿を現し、別の場所に移送された。手際は良かったが、生存を信じていた遺族の心情よりも、事態の早期収拾を急ぐ当局側の事情が優先されたようだった。

監利県には大きなホテルは少なく、民宿のような宿泊所が多かった。ここに各地から集まった乗客の家族や遺族が分散して滞在していた。宿泊所の出入り口の近くで待ち構えて何人かに接触を試みたが、当局の関係者が家族や遺族のそばから離れずに監視し、記者が取材しようとしてもその間に割って入ろうとする。こうした状況の中「外国メディアの取材に応じることは、かえって事を荒立てる」と取材を断る家族や遺族も少なくなく、取材は難航した。

情報の伝わり方は多様に

こうした状況は、他の事件や事故でも起こる。

二〇一四年三月、クアラルンプールから北京に向かっていたマレーシア航空（MH）三七〇便が突然消息を絶った。乗客のうち最も多かったのが中国人で、家族らは北京の北東にある麗都地区のホテルで連日待機し、機体や乗客に関する情報を待ち続けた。

無事を祈りつつ、家族らは朗報を待ち続けているが、乗客の消息は不明だ。新たな情報がないまま長期化するにつれ、家族は経済的に生活が苦しくなり、精神的にもますます追い詰められていった。

不明となって約二カ月後にホテルから出ることになった家族は、折に触れて北京のマレーシア大使館などに出向き、真相究明や調査の継続を訴えてきた。不明になってから一年後、二年後の三月の節目には北京最大のチベット仏教寺院「雍和宮《ようわきゆう》」前で集会を開き、涙ながらに苦境を訴える人もいた。

だが、集会の周辺には私服の警官が待機しており、集会中には外国メディアともみあいになり、家族とメディアを引き離そうとした。私も身分証の提示を求められ、「家族と近づくな」と手荒く腕をつかまれたこともある。

二年余りが過ぎても機体の消息がつかめず、家族の生活は大きく変わった。苦境をメディアに訴えようとしても、取材が当局に妨害されてしまうこともある。やり場のない家族の表情を見るたびにいたたまれなかった。

私は機体が不明になった直後から麗都地区のホテルに通い詰め、家族との接触を続けてきた。こうした中で取材に応じてくれたのが、親族五人の手がかりを探す北京市在住の戴淑琴さん（六〇）だ。北京の古いアパートの一室で一人暮らしをしており、自宅に通してくれた。

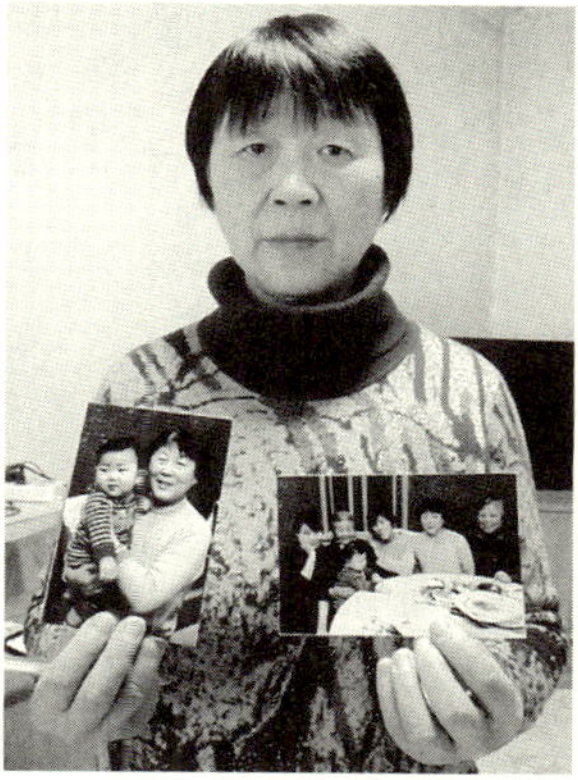

マレーシア航空機に乗ったまま行方不明になった家族の帰りを待ち望む戴淑琴さん（2015年2月）

戴さんによると、マレーシア機には妹夫婦とその娘の一家三人の計五人の親族が乗っていた。二歳の男の子も含まれていた。

妹たちは海外旅行が好きで、過去にも欧米などの観光を楽しんだ。一年前、「暖かいマレーシアに行って本場のドリアンを食べよう」とマレーシア行きを計画し、クアラルンプールと北京を結ぶ直行便のあるマレーシア航空便のチケットを買った。

機体が不明になったその日は、家族から「MH三七〇便に五人が乗っている」と聞かされた。搭乗者名簿の生年月日を五人のものと照合し、すべてが一致した瞬間、「頭が真っ白になった」と戴さんは言う。

戴さんは情報を求め、北京空港に近い空港関連施設の相談窓口に通い続けてきた。二〇一五年二月には直接、真相究明を求めようと自らマレーシアに出かけた。だが、納得のいく回答はない。心労から一年間で体重は一〇キロ減り、「何度もこの苦しさから逃げたいと思った。疲れ切り、涙も枯れてしまった」という。

戴さんは一九九二年に夫を亡くした。すでに退職しているため、一人で過ごす時間が長い。妹は大切な相談相手だった。事故がどのように起きたのかわからないままの「乗員乗客全員の死亡」という情報について「決して受け入れられない」と訴えた。

北京にある空港関連施設には毎週金曜、定期的に数十人の家族が集まっていた。そのたびに「専門家が捜しているのにどうしてまだ見つからないのか」などと大声を上げて担当者に詰め寄っていた。家族には高齢者も多く、心労から体調を崩す人もいる。

二〇一一年七月の浙江省温州の高速鉄道事故を含め、こうした現場をたびたび取材したが、駐在した五年の間に、中国国内での当局によるメディアの管理はいっそう強化されていると感じる。

一方で、情報の伝わり方は多様化している。新聞からインターネット、さらに交流ツールの微博や微信が登場し、新興のネットメディアが即時に情報を更新するなど、新しい発信のスタイルが次々に生まれている。

メディア関係者の間では「当局の痛いところを突くような報道は以前より減った」と嘆く声も少なくない。「当事者から真実を聞く」という当たり前のことが、中国ではますます難しく、また大切なことになっている。

報道官養成講座

中国で大きな事件や事故が起きると、記者は状況を見極め、重大だと判断すれば即座に現場に向かう。取材をして半日も過ぎると、その街の主要ホテルの中に「プレスセンター」が設置され、そこで地元政府幹部が集まった記者たちへの現場説明の会見を開く。こうした光景が一般的になってきている。

各地で記者会見に臨む地元政府の幹部は、配布した紙を改めて読み上げたり、記者の質問を途中で打ち切って立ち去ってしまったりする。何度も会見に出ているうちに、こうした対応は、事前に内部で入念に準備され、何らかのルールに沿って開かれているように思えた。ここでは中国で開かれている記者会見の現状を紹介したい。

二〇一六年一月、北京紙「北京青年報」は、当局による記者会見について解説する「報道官はどのように訓練されるのか」と題した記事を掲載した。報道官の留意点について詳しく説明し、記者会見の舞台裏に触れていた。

それによると、重大な記者会見を開く場合、報道官は三、四回の練習が必要で、手にするファイルや着用するネクタイなども事前の検討が必要だという。また女性なら、背景の色によって服も考える必要がある。

また「前もって準備することで、現場で出された質問の九〇％が対応可能」だとし「もしマイナス面の話題が出されれば、それに応じるのではなくて、（原則に沿った）『正面回答』に転じることが必要だ」としていた。

この記事で紹介されていたのが、報道官の研究や研修を続けてきたという中国伝媒大学・指導幹部媒介素養訓練養成拠点（北京市）の董関鵬《とうかんほう》教授（四一）だ。中国伝媒大は、中国のメディア関係者を数多く輩出してきた名門大学だ。地方の若者にも人気が高く、アナウンサー試験は狭き門だ。

二〇一六年四月、大学の正門からしばらく東に歩くと、董教授が出迎えてくれた。董教授は遼寧省出身で、北京大や英ケンブリッジ大で学び、国営中国中央テレビ（CCTV）を経て、清華大などで教壇に立った経験を持つ。政府の情報発信や危機管理を専門にしている。そうした発信側、記者会見を主催する側の事情はどうなっているのか。私の質問に董教授はこう応じた。

――いつ「拠点」を設置したのですか。

二〇一三年四月に中国共産党中央宣伝部や国務院（政府）新聞弁公室の後押しで創設しました。研修は政府関係者や地方幹部向けのほか、大企業担当者向けも用意しています。政府高官といったVIP向けの研修コースもあり、これは十数人の教員で一人を教えています。伝媒大には約二〇〇〇人の教員がおり、拠点にはこのうち約二〇〇人がかかわっています。これほど大規模な拠点は中国では他にはありません。

――受講者はどのくらいですか。

一年目の一三年は二〇〇〇人余りでしたが、一四年は四〇〇〇人、一五年はさらに倍近い七六〇〇人に増えました。研修期間は三～一〇日。応募者が相次ぎ、当面は定員が埋まっています。

――研修が始まった理由は。

〇一年九月の米同時多発テロでの米政府のタイムリーな公表の仕方や情報公開制度につ

いて、当時の江沢民指導部が「中国で参考になることはないか」と清華大などに打診し、翌一〇月に最初の研修が開かれました。〇三年に中国で新型肺炎SARSが流行した際、政府の情報公開の遅れが感染の拡大を招いたとの批判が国内外で強まったのです。

確かに当時は公表時期の見極めが不十分で報道官の水準は低かったのです。解決のため公安省や衛生省などが省レベルで報道官を置きました。〇三〜〇六年に省や直轄市レベルで四〇回近く「報道官研修」を開きました。

北京五輪が開かれた〇八年には、政府が外国メディアの取材規制を緩和しました。いかに外国メディアの取材に応じるかについて、三〇〇〇の地方都市の関係者が研修を受けました。

一一年の浙江省温州市の高速鉄道追突事故では（政府が）世論をうまく誘導できませんでした。そこで研修の重点について、どのような情報を提供するか、いかにニュース発表の方法を改善するか、インターネット中心の新興メディアにいかに効果的に伝えるかに置くようになりました。

――研修内容はどのようなものですか。

メディアとのつきあい、一線の報道官の経験を共有した多数の実例の分析、記者会見や一対一の取材対応の実演などです。実演は現場感覚を磨くためスタジオを会場にし、受講者に化粧させたりもします。中国外務省の定例記者会見などを見学し報道官とも交流しています。著名なメディア関係者や経験豊富な学者が教員となり、より実践的なものを心がけています。

うまくいかない記者会見には理由があるのです。（一）会見自体を開こうとしない、（二）開いても質問させずに打ち切る、（三）国民に理解しにくい当局の専門用語を多用する、（四）事前に告知せず、参加する記者を少数に限定する、（五）報道官が一人で話しすぎて自身の同僚や上司から煙たがられる——ということです。

——どう改善すべきですか。

大事件や大事故への世間の関心は高いのです。政府は記者会見をどんどん開くべきで、主催者は前もって告知し、報道官は発表文の棒読みでなく国民に分かりやすい言葉で話すべきです。外国メディアには形式的でない表現で臨むべきなのです。

かつては地方の都市で突発的な事件や事故が起きれば、地元政府の担当者が取材に随時応じていましたが、北京五輪以降は現地に迅速にプレスセンターが設けられるようになりました。（習近平指導部が発足した）一二年以降、こうした態勢がさらに整えられたのです。

かつては「すべて判明してから公表」というスタンスでしたが、近年は「短い情報を多く出す」形に変わってきています。以前、国家指導者が事件・事故の現場に出向くのは

「死者二九人以上」という規定がありましたが、〇八年以降は死者が少なくても事態の深刻さを総合的に判断してケース・バイ・ケースで対応しています。

――今後の研修の方針は。

一五年は特に国務院（政府）主催の記者会見が増え、一年間の開催回数が以前の数年分を上回りました。政府は今年（二〇一六年）二月、大きな事件・事故が起きれば、責任者が直接メディアの取材に応じて立場を表明し、声を発するよう関係部門に要求しました。情報の透明性の向上は法治を進める政府にとって必要なことです。

この拠点を通じ、公共機関の情報公開を後押しし、会見の質の向上につなげていきたいと思っています。

大学内にある「拠点」を職員の案内で見せてもらった。記者会見の実演をするスタジオがあり、照明器具やスクリーンを前に数十席の椅子が並んでいた。拠点は公安当局や軍との協力関係もあるという。

拠点の狙いについて、北京の外交関係者はこう解説した。「かつての中国は対外発信の必要性は薄かったが、国力が増して世界各国からの関心が高まるにつれ、中国の立場を迅速かつ正確に発信する必要に迫られている」。

一方で「報道官の発言が関係機関の唯一の見解となり、メディアは今後、それ以外のルートからの情報を得にくくなる」との見方もある。

習近平国家主席は二〇一六年二月に中国の主要メディアを視察し、共産党が世論への指導を強化するよう指示したが、党の政策を宣伝し、世論を誘導し、民衆を政治目的のために動員するというのが具体的な方向性だ。

興梠《こおろぎ》一郎・神田外語大教授（現代中国論）は「研修では報道官が『自分の意図する通りに世論を誘導する』ことが重視されている。当局が記者会見を増やしたのは、メディアに独自取材されれば、当局にとって不都合な事実が暴露されると恐れているのだと思う。このままでは研修を受けた報道官によって情報が一元化され、当局にメディアが誘導されかねない。現場での記者の実際の取材結果と報道官の公式発言が食い違えば、かえって報道官の信用度が下がってしまう」と指摘した。

「報道官」は、ますます中国当局の各部門に置かれるようになっている。二〇一六年三月に北京で開かれた全国人民代表大会（全人代＝国会）でも、各省のトップの書記にメディアが質問できる分科会の席で、報道官がメディアの質問への回答を書記に直接させず、担当者に代理で回答させる場面が目についた。本音を知りたい記者が、党や政府の当事者の真意を聞き出すのはますます労力と工夫が必要になってきている。

外務省報道官の仕事

中国政府をはじめとする各部門の報道官の中で最も目立つ存在は、中国外務省の報道官だろう。北京の朝陽門にある外務省内では平日の午後三時から定例会見が開かれており、報道官が国内外のメディアの質問に応じている。この会見は事後に外務省のホームページでやりとりが掲載されるが、人権問題などの敏感なテーマの場合は公表されないため、国内外のメディアはこれを聞き漏らすまいと外務省に日参している。

この会見の様子は日本のテレビでも時々伝えられている。日本でも近年知られているのは、張りのある声で厳しい顔を見せてきた洪磊《こうらい》氏（男性）や、比較的ソフトに淡々とした物言いをする華春瑩《かしゅんえい》氏（女性）といったところだろう。

「実際のところ、一見強面に映っているあの人たちは普段はどんな人なの？」と日本の人に何度か聞かれた。私も報道官の胸の内を知ろうと、会うたびに話しかけてみたが、なかなか本音を口にはしなかった。日中関係が不安定なことも背景にあったのかもしれない。

二〇一三年、中国外務省内に「外務省報道官制度三〇周年」を紹介するパネルが展示された。それによると、一九八三年に制度が発足し、二七人の歴代報道官が務めてきた。ちなみに、華氏は五人目の女性報道官だ。

平日午後に連日開かれている中国外務省の定例記者会見

中国メディアによると、外務省の記者会見は一一年九月から毎日平日に開催されるようになった。会見場には記者の椅子が並べられているが、後方では見学者が傍聴している。政府やメディア、外国からの視察団、ネットユーザーなど国内外の見学者を受け入れるなどPRに前向きで、一三年だけで見学した人数は四〇〇〇人に上ったという。連日国内外のメディアの質問を受ける報道官は、世界中から注目される存在でもある。

報道官の朝は早い。二〇〇〇年前後に報道官を務めた経験者の記憶によれば、生活のスケジュールは毎朝六時に起床し、まず英BBCや中国中央人民ラジオなどを聞く。七時一五分に自宅を出て、オフィスではテレビを見てからどのような質問が想定され、どう応じるかを考えていたという。もちろん外務省の公式見解以外のことをとっさに口にすれば「火の中に飛び込む」ような事態になるのだという。

報道官を支えるのが、若手職員十数人で組織されるという報道官オフィスだ。私も外務省関係者から「あらゆる質問を想定し、実際の質問の一〇倍近い想定問答を準備している」と聞いたことがある。会見の開始時間ぎりぎりまで相当準備に労力がかかるのだろう。開始時間の午後三時を過ぎても会見が始まらないこともしばしばだった。

報道官の仕事は四つの段階を踏む。まず情報を理解し、ありうる質問を考え、回答の要点を決め、質問に回答する、という順序だ。

『走近外交部発言人』(二〇一一年、中央党校出版社)という本では報道官の苦悩について紹介されている。報道官のポストは「名声は大きく栄誉もあるが、これはプラスの一面に過ぎない。常にテレビに出ることによって面倒もついてくる」と紹介している。「公園や買い物に行けば常に人に見られる。また話し方や外見、着ている服の善し悪しや髪型、発音までが批判と叱責の対象になる」とし、過去の報道官は地下鉄で人に「報道官ですか」と聞かれ「みんながそのように言います」とその場を切り抜けた逸話などが紹介されている。

報道官は重責で、何かと気を遣わなくてはならないポストであることは間違いない。近年は外交とは直接関係なく、他部門に関するテーマの質問も増えてきた。常に多くのニュ

北京APECのプレスセンターで無料配布されていた『国政運営を語る』の各国語版（2014年11月）

ースを読み、時には国家指導者の外国訪問にも同行する。ある経験者は「よく眠れないことがしょっちゅうだった」とも語っている。

中国外務省関係者は私が質問すると「報道官？　あれは本当に大変なポストです。希望してやれる仕事じゃないですよ」と苦笑いした。

進む多言語発信

二〇一四年秋に北京から北東約四〇キロに位置する雁栖湖のほとりで開かれたアジア太平洋経済協力会議（APEC）。首脳会談に伴う交通規制が敷かれる前の早朝から、メーン会場にバスで向かった。プレスセンターはAPECに合わせて特設され、鮮やかな朝焼けがまぶしかった。

プレスワーキングルームの一角には食事の場所なども設けられたが、スペースの端には習近平国家主席の顔が描かれた本が山積みになっていた。

『国政運営を語る』。習近平氏の総書記就任後の演説などを編集した本だ。ここで目を引いたのが、各国語に翻訳された文字だった。無料配布され、各国から来た記者は次々に持ち去っていった。

いくつもの言語に翻訳された出版物が国内外の記者向けに山積みされている様子は、他でも目にした。二〇一五年秋の抗日戦争勝利記念日の軍事パレードに伴う一連の行事でプレスセンターが設けられたが、ここでも平積みにされていた。各国の記者向けに中国政府の方針を発信したい、そんな中国側の意図があった。

『国政運営を語る』の出版を手がけたのは、政府部門「中国外文出版発行事業局（中国外文局）」だ。ここの周明偉局長に「多言語化」について二〇一四年末に事情を聞いた。

周局長は取材に「当初は七カ国語の発行を想定していたが、二〇一五年六月ごろにはトルコ語なども加え一五カ国語ほどに増やす。こうした本は国家指導者の引退後に出版されることが多かったが、各国の需要に応えられず時代の流れに合わせた。出版から三カ月で一五〇〇万冊（うち二〇〇万冊が外国語）に達し、国際社会に向けて国家指導者が出版した本としては過去に例のない数になった」と胸を張った。

『国政運営を語る』は、英語はもとより、日本語、フランス語、ドイツ語、アラビア語、スペイン語などに次々に翻訳され無料で配られてきた。国家指導者の発言集は毛沢東、鄧小平、江沢民氏らのものが出版されているが、党総書記就任からわずか二年での発行は異例の早さだった。

中国共産党の別の翻訳部門も近年、対応言語を増やしてきた。党や国務院（政府）に関する文献を各国語に翻訳する中央編訳局（一九五三年設置）の幹部によると、七〇年代から英語、フランス語、ロシア語、スペイン語、日本語の五言語で対応してきたが、二〇一三年からアラビア語とドイツ語の翻訳も始めた。さらに「中国経済がグローバル化し、理念や考え方を正確に伝えることがますます必要になっている。我々は積極的に業務範囲を切り開いている」と強調した。

国営中国中央テレビ（CCTV）も「多言語化」を進めている。二〇一五年二月、旧正月の大みそかの国民的番組「春節聯歓晩会（春晩）」の放送を前に、CCTVは外国メディアを招いた記者会見を初めて開いた。春晩は一九八三年に始まった日本の「紅白歌合戦」のような国民的番組だ。人気歌手の歌だけでなく京劇、雑技、漫才、マジックなど、さまざまな演目で旧正月を祝う。二〇一四年は七億人以上が視聴し、CCTVは「演出の規模、国内外の視聴者数は世界一」と宣伝する。

記者会見の席上、番組関係者は「春晩は国外からも近年大きな関心を集めている。（欧米など）一六の国・地域のメディア二四社と協議し、英語、ヒンディー語、アラビア語、ポルトガル語、ドイツ語などで、この番組や関連番組を集中的に放送する」と発表した。

CCTVは国連公用語（英語、フランス語、スペイン語、ロシア語、中国語、アラビア語）で放送してきたが、発信する言語をさらに増やしていくという。中国国内で自由にアクセスできない動画サイト「ユーチューブ」などでも中継。対外的な認知度アップを打ち出した。

中国の多言語化の方針によって、外国語の人材育成にも変化が起きていた。二〇一五年二月、北京外国語大の金利民教務課長を訪ねた。

金課長によると、大学の言語科目の数は六〇を超える。今後二〇二〇年には九〇科目ほどに増やす方針だ。中国は政治、経済にとどまらず、民間レベルで国外との往来が増え、他国の知識を中国に紹介する一方、中国を世界に伝えることも重要になってきた。中国から欧州を陸路で結ぶ「シルクロード経済圏」の建設構想も進み、「こうした社会的、国家的な需要が人材育成の方向性にも影響している」という。

近年、学生たちの間で人気のある言語はスペイン語で、今後のビジネスの拡大を想定し、アフリカの多くの国で通じるフランス語を学ぶ学生も少なくない。不安定な日中関係を反映して日本語専攻の学生はそれほど増えていないが、韓国語を学ぶ学生は増えているという。設置する言語は、中国の外交方針が強く反映されているようだ。

若手記者の匿名座談会

国営新華社通信、中国中央テレビ（CCTV）といった官製メディアとは異なり、購読料や広告料、イベント事業などで経営されるのが中国の商業メディアだ。北京では時事週刊誌「看天下」や大衆紙「新京報」などのほか、近年は「新浪」といったポータルサイトのニュース部門もある。こうした商業メディアは、官製メディアとは一線を画し、より真実に迫った報道が期待されているが、当局の管理が厳しく独自報道を目にする機会は限られている。現場の記者にはさまざまな葛藤があるはずで、匿名座談会の形で本音を聞いてみることにした。数人に声をかけたところ「匿名なら」と応じてくれた。

二〇一四年の寒い日の昼、若手記者に集まってもらった。姿を見せたのは、新聞社で国際報道を担当する二〇代女性のAさん、テレビ局で経済報道を担当する二〇代女性のBさん、政治報道に携わる三〇代男性のCさんだ。記者経験はいずれも二年から五年で、最初は緊張した様子だったが、しばらくすると、せきを切ったように日ごろの思いを口にした。

――今の報道現場の雰囲気は。

A　私の職場は日本に行ったことがある記者がほとんどで、日本や日本人に不快感を持つ人の方が少ないですね。ただ日本について好意的な記事を書こうとすると、なかなか上司の許可が下りませんこのため、多くの原稿の掲載が見送られてしまいました。

二〇一二年秋に反日デモが激しくなった時、過激なデモ参加者の標的になった日系スーパーで実際に何が起きていたのかを取材しようとしたのですが、中国のメディアであることを理由に地元警官に遮られ、その先に進めませんでした。報道されることで、騒ぎが拡大するのを当局が恐れたのでしょう。

今、日本について記事を書こうとしても、当局の管理が厳し過ぎます。日本の関連記事をまったく書かないわけにはいかないのですが、書いたとしても非常に表現に気を遣わざるを得ず、「労多くして実り少ない」というのが実感です。

B　私の友人の中国人記者は、日本の経済団体関係者が訪中したので両国の関係改善の努力を好意的に書こうとしたら、上層部に却下されてしまいました。「今両国間で友好ムードを作るのは良くない」と判断されたというのです。

A　CCTVは安倍晋三首相の批判一色ですね。祖母は何度も繰り返して安倍首相の顔が放送されているので、「安倍首相の顔が夢にまで出てきた」と話していました。実際にやり過ぎだと感じます。

——日本語を理解し、日本の事情を理解している記者は、社内にどのくらいいますか。

C　見回してもほとんどいません。日本語が理解できる人材は非常に限られているのです。

国際報道の中で日本のニュースが占める割合は全体の六分の一ほどで、欧米分と比べれば決して多くありません。だから日本語の人材も多くは必要にならないのです。中国で日本語学習者は確かに増えていますが、多くは日系企業などに就職しており、報道の現場ではあまり会いませんね。

B　そもそも中国で記者として重視されるのは、法律や経済の知識、英語力です。だから日本語の分からない記者が日本について取材をせざるを得ない状態になっています。

A　私の社は国際部門の担当者が数人しかおらず、網羅しきれない部分は外部の識者に原稿を依頼する形を取っています。東京を拠点に自由に取材ができる特派員を置くことができればいいのですが、なかなか容易ではありません。中国の新聞の売り上げや広告費は伸び悩んでおり、記者の給料もなかなか上がらないのです。しかも東京は生活費が非常に高いですし。重要な人物のインタビューを取るとか、大事件や大災害が発生した時に記者を派遣する程度になってしまいます。

――中国で、日本について伝える際にどんな点を「難しい」と感じますか。

B　北京で日本政府の高官や企業のトップを取材するのは容易ではありません。日本人記者向けには定期的に駐中国大使の懇談の機会があると思いますが、中国人記者が接触できる機会は非常に限られています。日本の政治家が訪中して、中国の要人らに会った後に記者会見することがあるのですが、中国語の通訳はなく日本語でのやりとりに終始していることが少なくありません。私たちもこうした会談に非常に関心は持っていますが、日本語というハードルがあり、内容を理解するのがなかなか難しいのです。中国語による説明ができないなら、せめて英語通訳者をつけてもらえれば、より取材が正確になると思います。

C　北京で日本企業に取材を申請すると、東京本社の判断を経て返事までに何週間もかかってしまいます。返事を待っているうちにニュースの鮮度が失われてしまったことが何度もありました。

B　日本側から断られる時には「忙しいから」などといったあいまいな説明が多いです。取材が難しいなら、その理由を具体的に示してもらえれば、その教訓を次に生かせると思いますね。

A　北京大学のある学者に会ったら「日本のシステムは非常にうまく作られている。日本政府が進もうとしている方向性に大きな問題はない」と語っていたことがあります。尊重すべき意見だと思って記事にまとめたのですが、結局掲載できませんでした。実名で協力してくれる識者もいますが、その場合は中国政府の見解と大差がない内容を語られることが多いのです。

――両国の記者がより正確に相手の国について伝えるには、どんな努力が必要だと思いますか。

C　日本の人たちの多くは「中国メディア」と聞くと官製メディアと商業メディアを同じだと受け止めているようです。しかし実際は、たとえば敏感な部分に触れる可能性が少ない経済分野の報道では、日本について統計をベースに冷静に伝えているものもあります。当局の管理によって報道できる範囲に制限があることは認めますが、そうした条件下でも、商業メディアなら日本の取材相手との間で細かい表現を調整する努力はできると思います。

日本の人たちには、中国の官製メディアよりもむしろ、自由な報道を目指している中国の商業メディアについて理解を深めてほしいですね。日本側がもし中国で情報発信したいなら、中国のメディア各社の報道スタンスを頭に入れ、特徴を見極めてうまく情報提供していけば、そこを通じて中国にいる情報の受け手への理解は着実に広がっていくはずです。

A　今は政治関係が難しいので、環境や経済などの切り口から中国メディアと日本企業などが接点を持つことも有益です。

多くの中国人は、まずアニメや漫画から日本社会を理解し始めます。アニメや漫画で伝えられる日本の情報はまったくないよりはましですが、こればかりだと偏った見方を持つことにもつながりかねません。商業メディアの記者の中には、強い好奇心を持ってできるだけ事実に即して今の日本を伝えたい、とまじめに考えている人は少なくないのです。時折日本側から中国の記者が招かれる機会があります。こうした場合、事前に組まれたスケジュールをこなすことが多いです。それも確かに重要ですが、日本を自由に動き回って取材・発信をする機会がもっとあってもいいのではないでしょうか。

C　日本のメディアについて言えば、伝えている中国の姿はごく一部分に限られています。日本メディアの報道は、中国外務省の反応や軍などの特定の分野に偏り過ぎているような気もします。中国の「非日常」ばかりを追いかけるのではなく、目線をもっと下げて、日常の様子に焦点を当てていく努力が必要だと思います。

これはもちろん、中国メディアの私たちも同じことです。良識ある中国の記者たちが、横のつながりをどう強めていくかも重要ですが。

北京で出会う現場の若い記者たちと接していると、日本人に対する見方は冷静で、日本に対して好意的な記者も少なくない。だがそういう声は、上司や当局などの指示で、実際の報道に反映されない場合もあるという。

若い記者たちが実際に考えていることと、報道されていることとは実は違っていることが結構あるのだ。メディアの発信を担う当事者と話してみると、普段見聞きしている中国メディアの報道とは違う、本音が浮かび上がってきた。

第4章

日中はわかり合えるか

テレビ討論番組「一虎一席談」に出演する武村正義さん（中央右、2014年５月）

日中双方のメディアで発信する人たち

北京で中国メディアの報道を連日見ていたが、中国語で日本事情を発信している日本人の名前を見かける機会は少なかった。日中関係が不安定な中、実名で書いて発信するには、所属する組織の理解や協力が必要になることも一因だろう。微妙なニュアンスが誤解されれば激しい批判を招くリスクもある。中国に対する理解に加え、中国語や日本語の表現力が必要になってくる。中国メディアとの信頼関係を築くことも必要で、つきあいにも気を遣うことになる。

そんな中、日中双方のメディアで発信を続けているジャーナリストもいる。二〇一三年秋、相手国のメディアに継続的に寄稿してきた二人に、感じていることを聞いてみた。

まず話をしてくれたのが、前出の陳言さん（五三）だ。陳さんは一九九〇年ごろから知人の紹介で日本の月刊誌などに寄稿している。

陳さんは、「日本のメディアに原稿を書くときには、日本人が面白がりそうな中国の腐敗問題や権力闘争などを書くことを求められることが多く、全世界に向けて発信しているという実感が持ちにくい」と語る。中国は世界各国との関係を深め、ダイナミックに動いているが、日本では中国の権力闘争といった日々の対立を細かく伝えることが重視され、日本メディアの中で長い目で未来を志向する記事を目にすることが少ないと感じるという。

陳さんは、日本の新聞や雑誌に愛着を持ってきた。学生時代に日本語を学び、中国で初めて日本の新聞を読んだ。当時普通の庶民は共産党機関紙『人民日報』くらいしか手に入らず、党員が国のために貢献した、というニュースばかりが中国で伝えられていた。しかし日本の新聞は違った。日本人の生活が生き生きと描写され、斬新な内容に衝撃を受け隅々まで読んだ。当時の中国の記者は絶対に書けないような内容ばかりだった。

しかし中国でも最近では商業メディアやインターネットが発達し、制約はあるものの、市民にとって身近な出来事が直接受け手に伝わるようになってきた。報道の自由度の点で「中国と日本メディアの差は少しずつ縮まっている」と感じるという。

陳さんは一方で「日本メディアに発信する中国人は限られており、中国で普通に入手できる情報がなかなか日本には伝えられていません」と語った。

今の中国をどう日本に発信したらいいのか。「中国の新聞や雑誌、ネットでは日々新しい若者やオピニオンリーダーが登場し、発言しています。日本メディアは、同じ人ばかり何度も取り上げるのではなく、多様な意見を発掘する努力が必要です。中国で取材する時に生の中国をもっとじっくり見てほしいのです。日本の大手メディアの関係者の多くは、経済的に豊かな北京や上海といった大都市に駐在していますが、出張しても時間などの制約から取材をわずか数日で終えてしまうのです」。

陳さんはこう訴える。「大都市の豊かな生活を支えているのは広大な地方の農村であり、そこに中国の真実や矛盾が表れてきます。ここをじっくり取材すれば、まったく違う中国の姿を伝えられるはずです。後世の批判にも耐えられる記事を発信してほしいですね。それによって、中国自身が気づいていない中国像や、中国の知識階級が言えないような意見を伝える役割を果たしてほしいのです」。

一般の中国人に向けた発信力を

次に話を聞かせてくれたのは、週刊現代編集次長の近藤大介さん（現在は特別編集委員兼任）だ。近藤さんは一九九〇年代半ばに北京大に留学し、八九年の天安門事件のころから週刊誌などで東アジア報道に携わってきた。二〇〇九年から一二年に「講談社（北京）文化有限公司」副社長として北京に駐在し、中国の週刊誌「看天下」にもコラムを掲載してきた。

近藤さんは二〇〇九年からの北京駐在中、北京の新聞や雑誌を片っ端から読むことを毎日楽しみにしていた。注目していたのは、大衆紙「新京報」や経済紙「第一財経日報」、経済週刊紙「経済観察報」の報道だ。当局の言い分をそのまま伝えるのではなく、真実を追求するキャンペーン報道に取り組んだり、質の高い文化欄やオピニオン欄を掲載していたからだ。

経済観察報のコラムに感銘を受け、担当者に感想のメールを送ったことで観察報との交流が始まった。一一年三月の東日本大震災の際、「日本に特派員がいないので、日本人としての率直な気持ちを寄稿してほしい」と頼まれ、コラムを書くようになった。中国メディアは一度決断するとすぐ実行に移す。掲載はすでに二〇〇回を超えた。

近藤さんは原稿を書く際、日本の政治経済や制度、文化について、一から説明するよう心がけている。たとえば日本の選挙では、立候補者は何日間選挙運動をするのか、演説の服装はどう決めるのか、高齢者や若者は何を基準に投票するのかなど、日本では当たり前すぎることも説明が必要になってくる。コラムは多くの中国人読者の目に留まり「日本に行ってみたくなった」といった反響が寄せられるようになった。

近藤さんが中国の読者の感想を見ていて強く感じるのは、日本ではごく当たり前のことも中国人は実はまだよく知らない、ということだ。「つまり同じ山登りをしても、目標の頂上は一緒でも登山口が逆なので、まったく別のものを見ながら登っている、という感覚、と言うんでしょうかね」。

「『日本の側からはこう見えるんですよ』と丁寧に伝える必要があるんです。中国で日本語をとても上手に話す人としばしば会うことがありますが、日本人の本質に知悉《ちしつ》している中国人はきわめて少ないと感じます」と印象を語る。

政府に管理された中国メディアが伝える日本関連ニュースは当局の方針もあり内容が限られており、日本人にとっての常識の多くが中国では抜け落ちてしまっているからだろう。

近藤さんは「日本人や日本メディアは、一般の中国人に向けた発信力をもっと磨くべきです。それは単なる直訳ではなく、中国人に分かりやすい表現を工夫することが併せて求められてくると思います」と指摘した。

一般の中国人読者は、日本にどんな関心を持っているのか。経済観察報で近藤さんのコラムを担当してきた編集スタッフで、国営中国中央テレビ（CCTV）や新華社通信に勤務した経験を持つ丁力さん（四八）に聞いてみた。

丁さんによると、中国人の日本への関心は政治やアニメ、音楽にとどまらず思想や食文化にまで広がってきた。「しかし、そのほとんどが中国政府の見解に沿ったもので、それ以外の内容が非常に少ないことが問題です。このため一般の中国人は、日本について非常に限られた情報しか得られていません」という。

中国ではよく「中国人の多くが日本に良い感情を持っていない」という世論調査結果が伝えられる。しかし丁さんは「これだって質問の中身を『日本のアニメ』などにすれば回答は間違いなく逆転します」。日本や日本人を感情的に批判するのではなく、冷静に受け止める中国人が着実に増えているからだ。

相手に対する理解を深めるには、日本人が中国メディアを舞台にもっと発信することが大切だと丁さんは指摘する。「ただ、中国での報道の許容範囲を踏まえる必要があり、日中両方の事情を理解していなければなかなか容易ではありません。適切な表現で日本の身近な日常を伝えられる日本人の存在がますます必要になっているのです」と訴えた。

日本と中国のメディアの関心事のギャップについて、国営メディア幹部からこんな話を聞いた。かつてはシルクロードや黄河、故宮の撮影などで日中は協力してきたが、日本メディアはこうした中国が持つ歴史や文化のテーマは八〇年代から二〇〇〇年代にすでに撮り尽くしてしまった。近年は中国当局としてはなかなか公に取材協力しにくい立ち退き問題や環境対策への批判など「敏感な問題」に移ってきたという。「つまり日中の取材や相互理解のレベルは小学生ではなく、大学生レベルになりました。この先がなかなか難しい。当局がゴーサインを出せる共同製作の題材を探すことは今容易ではありません」とこの幹部は言う。さまざまな制約がある中、相手国にどう発信し、自国にも伝えるか。課題は残されている。

「テレビ討論番組」の現場から

二〇一三年末、中国人の女性から突然電話がかかってきた。

「香港フェニックステレビです。北京のスタジオで討論番組に出てもらえる人を探しています。今度スタジオに来られませんか？」

かけてきたのは、時事討論番組「一虎一席談」のスタッフだった。知人のつてをたどり、私の連絡先を聞いたのだという。「日本の歴史問題についての討論番組を企画している。できれば出演がOKか早く決めてほしい」とのことだった。中国人からの依頼は突然で、即決を求められることが多い。

番組側が用意した質問をメールで送ってもらった。「日本は中国の無人機を撃ち落とせるのか」「中日両国は戦争のリスクに直面するのか」「釣魚島（尖閣諸島）の問題で、米国は日本の主張を支持するのか」。羅列されていたのはこんな内容だった。

この番組について北京の日本人の知人は「人気番組だけど内容が中国側の主張に沿って作られていて偏っていると評判だ」という。それでも中国人の多くの視聴者はそれを見ていて一定の影響力がある。

番組は一体どう作られているのだろうか、出演する以前に、自分でスタジオを取材してみたいと思った。

香港フェニックステレビは、名前は「香港」だが、北京でも視聴できる香港の衛星テレビ局で、香港よりも中国本土を意識し、エリート層の視聴者を想定した硬派な番組作りをしている。北京のメディア関係者の間では「世界の中国人社会を対象とした中国語版CNNを目指している」「第二の国営中国中央テレビ（CCTV）」とも言われ、全体的な論調は中国当局寄りとも評される。北京の中国外務省などで取材していると、カメラマンと一緒にマイクを手に動き回るフェニックステレビの若手記者とよく顔を合わせた。

「一虎一席談」は台湾出身の男性キャスター、胡一虎《こいちこ》氏が司会を務めている。番組名は一虎氏が一つのテーブル（一席）で議論する（談）という意味だ。二〇〇六年に始まり、数百回放送された。社会や政治、外交問題をテーマに、政府や軍、メディアの各関係者、研究者ら数人のゲストが出演して討論する。スタジオで論客の議論を後部の壇上から見物するエキストラは主に北京の学生や教師らで微博を通じて募っていた。

反日デモなどで日中関係が不安定だった時期に取り上げられたテーマを調べてみると、主にこんな内容だった。刺激的な文言が目立つ。

〈二〇一二年〉

六月　釣魚島（日本名・尖閣諸島）の争いは臨界点に達するか

八月　釣魚島の争いで、中国はさらに強硬にすべきか
〈二〇一三年〉
一月　日本の新たなＡＳＥＡＮ（東南アジア諸国連合）戦略は中国の脅威になるか
七月　日本は憲法改正で再び軍国主義の道を歩むか
九〜一〇月　釣魚島（同）の緊張の高まりから一年　中日はどう対応すべきか
一一月　中日両国は開戦リスクに直面しているか
一二月　中国の防空識別圏は東シナ海で摩擦を引き起こすか

二〇一四年一月、収録の様子を見に出かけた。番組の特設スタジオは、北京の天安門広場から西に約一五キロ離れた石景山区の古城駅の北側にある。入り口を抜け、奥の暗い部屋の門をくぐると、色鮮やかなスタジオが姿を現した。約一〇〇人のエキストラが後ろの壇上に座って強いライトをあびていた。

約三時間に及ぶ収録を、スタジオの端に座って見学した。中国側の論客からは「日本は軍国主義への道を邁進している」「安倍晋三首相のやり方は日本国民を容易に戦車に向かわせる」などと過激な発言が相次いだ。さらに、安倍首相の発言や、日章旗を掲げて行進する自衛隊員の映像がスタジオで紹介された。

スタジオでは約八〇人のエキストラが後ろで討論を聞き、論客の意見に賛同すれば拍手をし、異議があれば「反対」と書かれたプレートを掲げる。司会の胡氏は観客への質問をはさみながら番組を進めていった。

ただ収録は「一〇〇％反日」とは必ずしも言い切れない。胡氏が「日本と再び戦争をするのか」と会場で賛否を問うと、エキストラの大多数が「反対」を掲げた。ある女性は「両国の間には誤解がある。安倍首相は二度と戦争をしない思いで靖国神社を参拝しているという。我々は寛大に、彼ら（日本人）の先祖の過ちを許す必要があるのではないか」と訴えたりもしていた。

だが、この日の収録には日本人の出演者はおらず、在日中国人や日本に詳しい学者が日本側の論客に回っていた。中国人が日本側に回り、中国人同士が日中双方に分かれて討論することも時々あるという。

時折この番組にゲストとして出演しているジャーナリストの徐静波さんに、収録の様子や課題を聞いてみた。徐さんは毎年三月の全国人民代表大会などを北京で長年取材してきたベテランだ。

徐さんによると、本番前は短時間打ち合わせをする程度で、本番での発言は一回につき長くても一分半だ。徐さんは日本側の考えをコメントしなければならない微妙な役回りで、日本側の立場をそのまま発言するのではなく「日本人はこう考える」という言い方をしているという。

徐さんは「中国人にとって今最も関心のある国は米国と日本です」と断言する。特に日本に対しては、過去の戦争による恨みも当然あるが、魅力的な面もあり、率直に言えば「矛盾」の対象だ。特に二〇一二年の反日デモから間もない時期は、日本側の論客としてのコメントに対し、中国国内で批判をかなり受けた。

しかし近年はトーンが弱まり、若い人からは日本の立場を冷静に理解しよう、という声も出てきたという。「多様な意見を受け入れる機運が国民の間に生まれてきていることもあります。仮に日本人が出演し、根拠を示しながら率直に自分の言葉で説明すれば、多くの中国人はきっと聞く耳を持つはずです」と徐さんは語った。

番組にかかわる関係者の女性が、匿名を条件に番組作りの準備の進め方を教えてくれた。収録のたびに毎回苦心しているようだった。

この女性によると、「一虎一席談」は中国政府関係者や、高所得層の多い中国南部の広東省周辺のマンションの住民らが視聴している。中国国外でも、華僑・華人が見ているという。視聴者は比較的学歴や年齢、収入の高い層だ。

毎週の番組作りで大切なのはニュース性や話題性、意見の対立点があるかどうかだ。放送の約一週間前に幅広いテーマを集め、その中から四つほどに絞り、さらに上層部と調整する。意見の違いを形成しやすいか、また司会が進行をしやすいかなどを考慮して最終的に決めているという。中国の政治問題を多く扱うため、政治に詳しい識者が多く住む北京の在住者がゲストとして頻繁に招かれる。番組は北京での収録がほとんどだ。

近年は国際問題が全体の半分ほどに増えた。日中関係や南シナ海問題、米中関係が多く、特に日中関係はいつも高視聴率が取れる。社会的意義も大切だが、「番組を続けるには視聴率は無視できない」と語った。

一方、「視聴者は中国国内の声はだいたい知っているので、本当は中国人以外の人の声をもっと増やしたい」と言う。「日本人にもぜひ出演してほしいが、所属する組織などの制約から控える人が多く、これまで出演したのは、メディア関係者や学者らわずか十数人だけだ。日本側の論客としてなかなか適切な人物が見つからず、仕方なく米国や韓国、インド人らに代役を依頼したこともある」と振り返り、「軍関係者の意見に反対する人も招いてバランスを取っているつもりだ。さらに今後、新たなゲストを発掘し、発言を多様化させることが大事なのです」と強調した。

印象的だったのは、この関係者が私に「番組でぜひ日本人の生の声を聞いてみたい」と繰り返し訴えていたことだ。だが出演には、一定の語学力や日中の事情の理解、また急な出演でも日程を合わせなくてはならない。こうした条件を満たせる日本人は決して多くないはずだ。これが論客が中国人同士に偏ってしまう主な理由のようだった。

武村元官房長官が出演

数ヵ月後、番組には日本側の有力な二人の論客が相次ぎ出演した。

二〇一四年五月二二日に収録したのが、元内閣官房長官の武村正義さんだった。武村さんは一九九〇年代の細川護熙内閣で官房長官、村山富市内閣で蔵相を務めた。こうした著名な日本人ゲストの登場は、番組にとっては画期的な出来事だった。番組として通訳を依頼する経験は乏しく、私と面識のあった中国国際放送局（ＣＲＩ）の男性アナウンサーに急遽頼んだ。

日本の閣僚経験者が出演するのは番組としては初めてだ。スーツ姿の武村さんは同時通訳の入るイヤホンを着け、表情を引き締めて収録に臨んだ。

収録では冒頭から、軍出身の軍事専門家や共産党幹部の教育機関「中央党校」の教授といった中国側ゲストが、激しい言葉で日本批判を展開した。武村さんは安倍首相について「タカ派だが反中ではない」と説明すると、見守っていた中国の学生ら約二〇人の多くが「反対」と書かれたボードを次々に掲げた。武村さんは同時通訳を介して毅然と持論を展開した。
　やりとりを再現してみたい。
中国側出演者（以下中国）　日本の今の政治状況は第二次大戦前に似ている。安倍政権の集団的自衛権を巡る対応は日本の平和憲法の範囲を超えている。
武村正義（以下武村）　集団的自衛権の議論は日本の国内問題だ。国内世論も意見が割れている。集団的自衛権は世界中のどの国も持っており、日本は持っていない中で、今後どうするかを議論している。
中国　中国人の大部分は日本政府高官の歴史問題への態度を懸念している。
武村　日本政府は「村山談話」が公式見解で、安倍首相も踏襲している。過去の戦争は反省して再出発している考えに変わりはない。
中国　私の印象では、日本側は「主導的に攻め、先に相手を制する」考え方を持っている。真珠湾攻撃や満州事変などはいずれも先制攻撃だった。日本は平和憲法を持つといっても、歴史的にはそうではなく、我々は強く警戒している。
武村　日本は米国によって広島や長崎に原爆を落とされ、東京や大阪、名古屋も空襲で焼け野原になった。愚かな戦争をしたと国民が反省して新しい憲法を作った。ただし日本が攻撃された時に備えて自衛隊を組織した。自衛隊は中国のように、空母や核兵器を持っていない。相手を攻撃するための軍事力は持っていない。

白熱した討論の収録は一時間五〇分に及んだ。終盤、武村さんが「努力すれば日中には必ず共通点が見つかるはずだ」と訴えると、数秒の沈黙の後、スタジオから大きな拍手が起きた。司会の胡氏は「異議を唱えたい部分はあるが、話の内容には感銘を受けた。武村さんの姿勢に、日本側の誠意を見た思いだ。知恵を出し合って両国関係を改善しようと努めていることに感謝したい」と締めくくった。

武村さんは定期的に中国を訪れてきた。「一般大衆に日本人の考え方がどうもうまく伝わっていない。中国の大衆に直接考えを言いたい日本人はたくさんいると思うけれど、その方法や手がかりを知る術が日本では限られている」という思いを抱いてきた。こうした問題意識が番組出演につながった。

武村さんは収録で、日本人の常識的な考え方を伝えることを心がけていた。「スタジオの番組収録の雰囲気としては日本への批判や反発は確かに根強かった。しかし聴衆の中には、自分の発言に賛成してくれた人もいたし、思った以上に中国の人は私の意見に耳を傾けていたと思う。司会者も私に発言させるよう配慮していた。出演者やテーマが収録直前に決まるなど中国側の事情はあるが、言いたいことはほぼ言えた」と振り返った。そして「直接意見を述べることは大切だと改めて思った」と語った。

日本大使館公使も

北京の日本大使館のナンバーツーである堀之内秀久特命全権公使（現駐カンボジア大使）も、これより前の四月一二日放送の番組に出演し、日本政府の立場を主張した。番組では、こんなやりとりが中国語で繰り広げられた。

中国側出演者（以下中国）　日本の武器輸出三原則の変更は、日本の「軍国主義復活」を意味するのか。

堀之内秀久公使（以下堀之内）　日本が国際協力の一環として平和活動に貢献しようとすると貿易管理の方法を調整しなければならない。日本の平和国家としての理念は全く変わらない。

中国　中国から見れば、両国関係が難しくなっている原因は、安倍首相の歴史観と米国が日中間の矛盾を利用しているからだ。

堀之内　日本はこれまでずっと米国の同盟国だ。またこの四〇年間、日中は友好である。

日中友好と日米同盟は両立できるし、矛盾しない。

中国　現在の両国関係がここまで悪くなったのは日本側に原因がある。

堀之内　戦後、靖国神社には多くの首相が参拝している。安倍首相は過去への痛切な反省の上に立って不戦の誓いのためとの談話を発表している。

中国　中国側の日本に対する過去（の態度）について、今も（過去のように）すべきだと日本が言う資格はない。

堀之内　外交には一貫性が必要だ。以前は首相が靖国神社を参拝しても友好であったが、現在は参拝すべきでないというのは一貫性を欠く。

堀之内公使はその後、「何をしゃべってもエキストラは反対の意思表示ばかりでショックだったが、発言の編集は比較的公平にやってもらえたのではないか」と振り返った。この二人の出演については視聴者から「番組の注目度や信頼性がより高まった」「日本側の主張や考え方が中国の大衆に直接伝わった意義は大きい」と評価する声が上がった。

番組スタッフはこう強調した。「番組の質を高めるためには日本側の要人や有識者の出演が重要だ。日本の著名人や当局者が出演した番組は注目度が高く、どんどん視聴率が上昇する。中国の番組なのでどうしても中国人の出演が多くなってしまうが、意見のバランスを重視しているので日本の有識者にぜひ出演してほしい」。

こうしたやりとりを横で見ていて、私は日本側の主張を公共の映像で多くの中国人に伝える意義は小さくないと思った。番組の性格上、「日本＝悪役」という設定を想定している印象はある。だが現場で汗を流すスタッフの姿からは、日本人の生の声を何とか中国でも伝えたい、という思いも伝わってきた。中国の視聴者は、もっと日本の人たちの生の声が聞きたいのだ。

さまざまな制約を抱えつつも、メディアの現場では日中双方が少しずつ努力を積み重ねている。こうした取り組みをどれだけ地道に積み重ねられるかが問われていくことになる。

ニュースサイト「記者ページ」の開設

北京に赴任する前、中国駐在経験が長い大先輩の記者からこう教わった。

「中国報道は、かつては自由な現場取材がなかなか中国政府から許可されなかった。現場に行きたくても行けず、人民日報などの報道を読みながら何とか政治や経済、社会の動きを探ろうとした。だが、今はだいぶ現場取材ができるようになった。いざとなればかなり現場に近づくことができる。中国での取材の仕方はどんどん変わっている。現場に強い記者がますます必要だ」。

赴任してみて、その通りだと実感する。現在外国メディアの記者はチベット自治区を除けば数時間で中国のほとんどの地域に出かけて現場取材をすることができる。大きな災害や事故などが起きれば、まず飛行機や高速鉄道に乗って現場に向かい、現場の様子の一報を送る。中国国内のインフラ整備が進み、交通事情が改善されていることでこうした機会は増えていくはずだ。

これに加え、私が中国で「現場取材」について考えさせられるきっかけになったのが、毎日新聞のニュースサイト「記者ページ」の開設だった。

「記者ページ」は、毎日新聞の記者が日常生活で気づいた話や、周囲で起きた出来事などを紹介する欄だ。記事の行数、写真、動画には制限がない。

毎日新聞中国総局は、二〇一四年二月から本格的な出稿を始めた。「まずはトライ・アンド・エラーだ。閲覧した人の反応を見ながら修正していけばいい。いろいろ気づいた出来事を前向きに発信していこう」と西岡省二中国総局長。これまでは新聞を想定して記事を書いてきたが、手探りの試みが始まった。

普段北京で生活し、何気なく目にしている光景が、実際には日本では新鮮に、驚きをもって受け止められるかもしれない。だがどのような内容に読者が関心を持ち、読んでくれるのか、決まった方法や答えがあるわけではなかった。

あれこれ考えていても仕方がない。まず実行してみようと、デジタルカメラに加え、ビデオカメラも普段から持ち歩くことにした。北京の街を歩き、目についたものを撮影し、短い動画や原稿を送り始めた。

出稿したのは、たとえばこんな内容だ。

◎中国的話題

「李香蘭」の名で知られた戦前の大スターで九月七日に亡くなった山口淑子さんと生前親交があった中国の女優、于黛琴《うたいきん》さん（八二）が九月中旬、北京市内で毎日新聞のインタビューに応じ、山口さんとの思い出を語った。于さんはテレビドラマ「さよなら李香蘭」（一九八九年、フジテレビ系列で放送）の収録を手伝ったことを機に山口さんと知り合い、その後、訪日するたびに山口さんに歓迎されたという。訃報を知り、「非常につらい。お元気な姿にもう一度会いたかった」と悔やみ、冥福を祈った。

于さんは旧満州国の大連（現在の遼寧省）出身。小学生から日本語を学び、終戦直後から長春（吉林省）の映画撮影所で女優を務めた。当時は映画撮影の機会は少なく、舞台で活躍する機会が多かった。シェークスピアの「ベニスの商人」のヒロインを演じ中国文化省から最高賞を受けるなどした。

「李香蘭」の名で知られた故・山口淑子さん（右）と交流があった中国の女優、于黛琴さん。毎日新聞の記者ページ「毎日的北京地方版」で紹介した（1990年代撮影、于さん提供）

日中の演劇交流などで来日し、日本の演劇関係者や女優の森光子さん、栗原小巻さんらと親交を持つ一方、日本のドラマの中国語訳や、中国の撮影での演技指導などを手伝うようになった。

山口さんと会った際、于さんは「さよなら李香蘭」制作のため、台本作りや撮影に向け、どんな場面設定がふさわしいか直接意見を聞いた。「やりとりは詳しく覚えていないが、とても美しく、気さくな人だった。『この人が自分が幼い時によく歌を口ずさんだ李香蘭か』と感銘を受けた」と話す。当時、ドラマは北京の故宮などで撮影され、于さんは李香蘭役を務めた女優の沢口靖子さんらに中国語を教えるなどした。

于さんは日中の演劇交流の長年の歴史を伝える本を執筆している。「近年は山口さんの近況が気になっていたが、なかなか会える機会がなかった。日中が協力してドラマを作ったあのころがとても懐かしい。私を妹のようにかわいがってくれた山口さんとの思い出も何らかの形で書き残したい。心からご冥福をお祈りしたい」と山口さんと撮影した記念写

真を手にしながら語った。（二〇一四年九月二九日）

日中の文化交流に関する行事やイベントにも、時間を見つけて足を運ぶようになった。

◎中国的話題

ロックバンド「X JAPAN」のリーダー、YOSHIKIさんの世界ツアーが六日と八日、上海と北京で行われた。北京では近年、日中関係の冷え込みから日本の著名アーティストの公演が限られる中、一〇〇〇人以上のファンが詰めかけた。

会場となった北京市北西部の北京展覧館劇場前には、二〇～三〇代の女性を中心に日中のファンが集まり、公演開始前にはダフ屋も出現。ファンとチケットの値段交渉をしていた。バンド名を勝手にプリントしたとみられるTシャツやメンバーの写真を路上で販売する中国人もいた。

公演中、中国人ファンたちは椅子から立ち上がってステージに駆け寄り、中国での根強い人気ぶりを改めて示した。

「X JAPAN」の曲に一九九〇年代、ラジオ番組や海賊版CDなどを通じて中国でも人気を集め、「中国にはないリズムやメロディーに衝撃を受けた」という若者も多い。「X

JAPAN」の二〇年来のファンで、五八〇元のチケットを買った三〇代の女性は「中国で本人を間近に見られる機会を逃したくなかった。チケットは高かったが惜しくない」と話した。(二〇一四年六月一〇日)

意外な反応もあった。北京の日本大使館が発信する注意喚起メールを参考に、次のような記事を載せた後のことだ。

◎中国的話題

北京の日本大使館は九日、多くの国内・国際線が発着する北京空港第三ターミナルで空港スタッフを装った男が金銭を脅し取る事件が起きたとして、在留邦人に注意を呼び掛けた。北京の公安当局も空港での警戒を強めている。

大使館によると、空港スタッフを装った灰色の服を着た男一人が五日、搭乗手続きをしようとする邦人旅行者に中国語で「時間がないので早く来て下さい」などと語りかけ、チェックインカウンターに案内した。その途中で男は旅行者に、旅券を自分に預けるよう求め、その後搭乗手続きも代行。国際線出発ゲートで男は「搭乗手続きを手伝ったのだから金を払え。払わないと旅券と搭乗券を返さない」と脅し、日本円の二万円を奪ったという。

男は中国人とみられる。

七日朝にも同様の手口が確認されており、大使館は「旅券はカウンターのスタッフに直接渡して欲しい。旅券の管理を徹底して欲しい」と呼び掛けている。（二〇一四年四月九日）

こうしたネットの記事を見たことで、実際に巻き込まれたが被害に遭わずに済んだ、という声も聞いた。

忘れがたい記事もある。

◎中国的話題
日本と中国の小中学生が日本将棋を通じて交流を深める「第一八回日中国際交流子供将棋大会」が一三〜一四日、北京の国際交流基金日本文化センターで開かれた。対局には日中の小学生を中心に四八人が参加して腕を競うとともに、中国で日本将棋の理解を深める機会となった。

中国の将棋は駒の動かし方や、奪った駒を再び使えない点などが日本のルールと異なる。日本将棋は「論理的な考え方を鍛える訓練になる」として中国各地に広がり、特に上海や北京などの都市部で盛んだ。

大会はセンターや北京将棋倶楽部、北京日本人会、北京日本人学校が共催した。協力・後援などで日本将棋連盟、NPO「将棋を世界に広める会（ISPS）」、人民中国雑誌社、日本航空が名を連ねた。日本から青野照市九段と室谷由紀女流初段も参加し、子供たちに将棋の指し方を指導した。

北京将棋倶楽部で中国の子供たちを長年指導してきた李民生さん（七〇）は、将棋を通じ日中交流に貢献したとして日本の外務大臣表彰を受けた。李さんは「将棋を教えていくにつれ、子供たちはますますその奥深さに引きつけられていく。学校の宿題が多く、子供たちが将棋に取り組む時間がなかなか取れないのが課題だが、将棋に熱中する人が中国でさらに増えるよう尽力したい」と話す。李さんの将棋教室は、安倍晋三首相の夫人・昭恵さんも一一月に訪中した際に見学した。（二〇一四年一二月一九日）

記事を掲載した後、参加者の保護者から「息子の大きな励みになりました。今後の人生の良い記念になります」と丁寧なお礼を頂いた。

中国報道の可能性

こうした記事はスペースが限られているため新聞紙面では残念ながら載りにくい。つまり「地方版の街ダネ」のような記事だが、内容そのものは間違いなく読者の需要があった。日本との関係が深いにもかかわらず複雑な中国だからこそなおさらかもしれない。

海外に駐在する新聞記者は一面や国際面などを中心に原稿を送ることが中心で、扱う話題は政治や経済に関する大ニュースが多い。しかし目線を変えてこうした話題を発信してみると、相手と直接向き合って記事を書けているという確かな手応えがあった。現場取材にさらに目が向くようになり、取材スタイルが変わっていった。身近な知人にとどまらず、日本側、中国側の政府関係者からも「意義のある取り組みだ。ぜひ積極的に続けてほしい」と背中を押してもらえたことも励みになった。

新聞紙面だけを想定した取材や出稿が中心になると、原稿は長くて一本一〇〇字で一〇〇行前後、写真は一枚だけ、という感覚だ。また新聞では「日付」の要素も大きい。記者が関心を持って取材をし、原稿を出しても、その日に別の大きなニュースと重なってしまうと、その影響で行数を削られてしまうこともある。そして翌日以降になると、ニュース価値が落ち、載せるタイミングを失ってしまう。まだ手探りだが、「毎日的北京地方版」は、こうした課題を少しずつ改善する取り組みであることは間違いない。

中国に常駐できるメディアは限られており、現地から発信される一次情報は貴重だ。中国報道の手法には、まだまだ新たな可能性があると思う。

文化交流イベントを取材

北京駐在の記者が、普段頻繁に足を運ぶ場所の一つが北京の日本大使館だ。二〇一二年には、この前が激しい反日デモの現場にもなった。定例の大使の懇談のほか、訪中した日本の政治家や著名人の記者会見、また時折企画される文化交流イベントの取材の会場にもなる。

大使館スタッフによると、日本政府の在外公館としては最大規模で、日本人職員（約一〇〇人）と中国人職員が勤務している。中国外務省などとの交渉や、第三国の外交団との接点も持つ政治部、経済官庁との関係が深い経済部、訪日中国人のビザ発給や邦人安全を担当する領事部、日本の文化情報などを発信する広報文化部などがある。春や年末には「桜を見る会」や天皇誕生日レセプションが開かれ、北京の外交官やメディア関係者、日本人会幹部らが顔を合わせる。中国側の要人を招くことがあるが、どのランクの人物が出席するかがその時の日中関係を示す指標のようになっていた。

ウェブサイト「毎日的北京地方版」を職場で立ち上げ、身近な話題を発信しやすくなったことで、大使館で開かれる文化交流イベントの取材機会も増えていった。数を重ねて取材していけば、日本と中国の意外なつながりが見えてくるのではないか、という期待もあった。

足繁く通っていると、普段表に出ている大使や公使の動きだけではなく、招かれている人たちやイベント主催者、応募で集まってきた日中の若者や学生、大使館の一般職員など、文化交流を陰で支えている人の姿も少なからず目にした。次第に、できるだけこうした人たちの地道な努力も伝えていきたい、と思うようになった。

北京の日本大使館

味の外交を支える「公邸料理人」

大使館内には意外なスタッフもいる。大使館に隣接する大使公邸には、大使の会食を料理する「公邸料理人」が勤務していた。普段表に出ることは少ないが、日本から取り寄せた食材を入念に仕込み、「味の外交」を支えている。料理人の工藤英良さん（三四）に二〇一五年二月、大使館で話を聞いた。

東京都出身の工藤さんは、高校時代にテレビ番組「料理の鉄人」を見て料理人にあこがれ、卒業後に

味の外交を支える公邸料理人の工藤英良さん（2015年2月）

日本料理の老舗「なだ万」に就職。東京・日比谷にある帝国ホテル店などで勤務した。以前から海外で働いてみたい、と希望を抱いていたが、一〇年ほど経験を積んだ時、専門雑誌で公邸料理人の募集広告を見つけたのだという。履歴書を送り、二〇〇九年からカナダのバンクーバー日本総領事館で働き始めた。

バンクーバー勤務が終わった時、木寺昌人大使（当時）から北京勤務の声がかかった。中国との縁はそれまで薄かったが、独身の身軽さもあって大使と同時に赴任した。

普段は公邸内の厨房の近くの部屋に住み、食材の仕入れやメニュー作りを取り仕切る。手がけるのは大使の昼夜の会食の料理で、純粋な和食が多い。買い出しで北京市内の市場に時々出かけ、食材を手に入れている。

和食の中で最も大切なのは魚料理だ。長崎県から毎週定期的に飛行機の直行便で送られ、その種類を見ながらその日のメニューを組み立てる。バンクーバーとは違い、ここでは春は鰆《さわら》、秋はサンマといった日本の季節の魚が手に入る。これまで日本の懐石料理を中心に二〇〇近いコースを手がけてきた。工藤さんは「『これこそ日本料理』という味を提供することを心がけています」と胸を張った。

大使館のイベントでは時折、中国人の参加者を募っていた。大がかりに実施されるものもあるが、メディアですべて報道されているわけではない。

足繁く通っていると、大使館のさまざまな様子が見えてくる。一階の多目的ホールに通じる図書スペースを通りかかると、よく中国の人が立ち止まっているのを目にした。飾ってある日本人形や置物をスマートフォンで何枚もうれしそうに撮影しているのだ。中国人の若者たちはなかなか立ち去ろうとしない。大使館の公共スペースは確かに「日本に通じる窓口」の役割を果たしていた。

大使館で警備を担当していた職員から、こうささやかれたことがある。「こうやって日本に関心を持ち、大使館にやってくる若者たちの姿もまた、中国人の本当の姿なんです。しっかり日本の読者に伝えて下さいね」。

中国の若者にとって、日本大使館とはどんな存在なのだろうか。中国人の若者から日本

北京の日本大使館の文化交流イベントに参加し、図書室で記念撮影する人たち

語の作文を募るコンクールを開き、毎年優秀者を表彰する活動を続けている日本僑報社・日中交流研究所長の段躍中さんからこう言われたことがある。「コンクール応募者の若者の多くは地方の学生で、表彰式の時に地方から初めて北京にやってきて、日本大使館の中に入るのです。地方都市には日本人の先生がいないところも多いので、学生によっては、ここで初めて日本人と会うのです。大使館に入ることは、学生にとっては初めて国の外を知ることになる貴重な第一歩なんです」。

段さん自身も湖南省の出身だ。「最高賞でなくても、佳作でも名前が紹介されることが学生にとってどれだけ励みになることか。私も田舎の出身ですから彼らの気持ちが良く分かります。私は一人でも日本を大切に思う若者を育てたい。それが日本の国益にもつながるはずです」。

日本大使館は反日デモの時、石や卵を投げつけられたこともあったが、普段は中国の人たちにとっては「一度は入ってみたい興味深い場所」であることは間違いない。

韓国人記者の日常

さまざまな情報が発信される北京では、記者会見が連日どこかで開かれている。あちこち顔を出してみると、各国メディアの記者ともよく会った。国際都市の北京には世界中の各国から記者が集まっており、会見の待ち時間は各国の記者との雑談になった。

中国外務省やプレスツアーなどでよく話をしたのが韓国メディアの記者たちだった。大気汚染や交通渋滞、北朝鮮問題などがよく話題になった。北京での生活で抱える悩みはかなり共通しており、分かり合える部分が多かった。

北京に駐在する各国の記者の状況について触れたい。中国外務省報道局が定期的に発行する中国駐在の国外メディアの状況をまとめた「外国駐華新聞機構名簿」（二〇一三年版）によると、北京に駐在する韓国メディアは、日本より八社多い二六社で、登録記者数は二九人少ない四〇人だ。

北京駐在の国外メディアで社の数が最も多いのは米国（三六社）で、韓国（二六社）はそれに次ぐ。さらにフランス（二五社）、ドイツ（二〇社）、日本、スペイン（一八社）、英国（一一社）――などと続く。中国と関係の深いロシアは七社で、インドは四社。中国と同盟関係にある北朝鮮は朝鮮中央通信と労働新聞の二社だ。南シナ海の問題の当事国であるフィリピンのメディアは駐在していない。

韓国メディアの記者に北京でどのような日々を過ごしているのだろうか。二人の記者に協力を頂き、二〇一四年春にオフィスを訪ねてみた。

一人目は、朝鮮日報の安勇鉉《アンヨンヒョン》記者（四一）。釜山市出身でソウル大の出身。一九九九年に入社し、経済部、政治部などを経て二〇一三年一月から北京で勤務していた。「朝鮮日報」は韓国を代表する保守系紙で、一九六三年から毎日新聞と提携関係にある。

安記者のオフィスは、北京の韓国大使館から北西約一キロの三元橋地区付近にあるビルの三階にあった。部屋に入るとベッドが目に入った。仕事が深夜に及び、ここに泊まりこむこともしばしばだという。北京紙「新京報」と国営中国中央テレビの午後七時のニュース番組「新聞聯播」を中心に中国メディアの報道を見ている。

取材対象は、主に韓国大使館員や中国人の学者、公務員などで、記事のテーマごとの量は、ほぼ五割が習近平国家主席の動向や中国の内政・外交に関する話題、三割が中韓関係、二割が北朝鮮問題という割合だ。

安記者が個人的に最も重視しているのは北朝鮮の取材だという。韓国政府から特別な許可を得て、中国の朝鮮族などを通じて北朝鮮に近い人物と接触する。北朝鮮に比較的近い遼寧省瀋陽や、国境を接する遼寧省丹東には時々出張する。

地方への出張は、地震などの自然災害や、韓国企業の進出に関する話題の取材で毎月二回ほどだ。

悩みは、たった一人ですべての取材をこなさなければならないことだ。現地での仕事に加えて、北京での通常業務もこなすので非常に手間がかかる。自分の担当を政治、経済に限ることはできず、中国のあらゆる分野に通じていなければならない。

中韓の間にも歴史問題があるし、中朝国境の川を渡って中国に逃れる北朝鮮住民（脱北者）の強制送還を巡る対応などの考え方にも両国にずれがある。決して中国当局の意向に沿った報道をしているわけではない。「中国の軍事力強化の動きに注意を怠るべきではない、というスタンスです」。安さんはこう強調した。

日本メディアについては「入念で熱心な印象を持っています」と安さん。定期的に北京空港に出かけて平壌と北京を往来する人物を確認する記者も多いし、北朝鮮に対する理解が深い記者もいる。「日本の記者とは互いに学ぶ関係にありますね」と語った。

二人目にハンギョレ新聞の成演哲《ソンヨンチョル》記者（三八）。大邱市出身で高麗大の出身で二〇〇一年に入社し、スポーツ部、政治部などを経て一三年二月から北京で勤務している。「ハンギョレ新聞」は韓国では進歩派とされ、朝鮮日報といった保守系紙とは異なる論調で知られる。

成記者の職場は、韓国人が多く住む北京市北東部・望京地区に建ち並ぶマンション群の一九階の一室にあった。一間のオフィスで男性助手と机を並べ、パソコンに向かっていた。ワシントン、東京とともに北京は同社が持つ海外の重要拠点だという。

一日の仕事は、毎朝六時前に起き、中国、香港、欧米メディアのインターネット情報を二時間ほど確認する。朝食をとった後、午前九時ごろ出勤し、ソウルの本社に主な記事の候補を伝える。午前にインターネット向け、また午後に朝刊向けに記事を書いている。ネット向けの話題は比較的面白くて軽い話題、新聞向けは硬いテーマを選ぶことが多い。一日に平均二、三本の原稿を送っている。朝刊の原稿の締め切りは午後三時ごろ。ちょうど中国外務省の定例記者会見が始まる時刻だ。原稿をまとめる作業で忙しく、なかなか参加できない。「ネットを見て、原稿を書いているうちに時間が過ぎてしまう」のが悩みだ。

韓国の新聞には、政権との距離感にそれぞれ違いがあるが、中国報道のスタンスに大きな違いはない。ただ主に取り上げるテーマは異なる。「朝鮮日報」などは中国の政治や軍事分野を頻繁に伝えているが、「ハンギョレ新聞」は出稼ぎ農民の問題や貧富の格差などの社会問題を多く伝える努力をしているという。

成記者は「中国という国を直接自分の目で見て取材すると毎回驚きがあります」という。たとえば赴任して約半年後、大学を卒業して北京で働く若者の劣悪な環境を取材した。約五〇平方メートルのマンションの一室に一六の二段ベッドがあり、共同生活していた。中国の発展の陰に、こうした厳しい現実が埋もれている。

韓国の特派員は国内で一〇年余りの経験を積んだ記者が多い。国外の任期はだいたい三年だが、現場を直接取材する機会をどう増やしていくかが課題だ。

韓国メディアは日本メディアよりも記者の数は多くないが、独自の視点で今の中国を韓国の読者に伝えたい、という強い熱意が二人からは伝わってきた。取材の態勢や条件に違いはあるが、中国取材の現場では日韓の記者が協力できる余地は少なくない、と思う。

第5章

日本を知りたい中国人

日本を旅行し、その印象を北京の日本大使館が微博で募ったところ、多くの写真やイラストが寄せられた

SMAP@北京

日本人の間で中国や中国人に対するイメージはなかなか改善しないが、中国人観光客が増えたことで、中国人の日本や日本人のイメージは横ばいか、良くなっている、との見方がある。「一般市民と接する限りでは、日本人が思っているほど中国人は日本や日本人のことが嫌いではない」とも言えるのかもしれない。中国では「日本や日本人をもっと知りたい」という思いは確実に強まっている。その現場を紹介したい。

北京の市街地の中にある「工人体育場」は、サッカーのプロリーグの試合や有名スターのコンサートの会場として知られる。世界各地から数々のスターがここを訪れ、数万人の観客が歓声を上げる。大きな混乱を懸念し、大量に動員された武装警察官の姿も目につく。二〇一一年九月一六日夜も、中国各地から多くのファンが集まっていた。三〇～四〇代の女性が多い。日本から団体ツアーで訪れたファンもいた。この中には家族連れや年配者も目立つ。目当ては日本のアイドルグループ「SMAP」の海外初公演だ。SMAPは一六年末に解散したが、五人のメンバーにとっては記念すべき日となったはずだ。

中国では動画サイト「土豆網」や「優酷」に、SMAP出演のテレビ番組「SMAP×

北京のSMAPコンサートに駆け付けた中国の女性ファン（2011年9月）

ＳＭＡＰ」や、木村拓哉さん主演の人気ドラマなどが違法ながら掲載され、グループの知名度はきわめて高い。

公演実現までには紆余曲折があった。一〇年六月、上海万博会場での公演を予定していたが、ファンの殺到による混乱が懸念されて中止になった。一〇月に再び計画されたが、直前の九月七日に尖閣諸島沖の漁船衝突事件が発生し、延期された。

一〇年九月一五日の東京ドーム公演には、尖閣諸島沖の漁船衝突事故直後だったにもかかわらず程永華駐日大使が駆けつけ、メンバーやファンとの交流を深めた。一一年五月に訪日した温家宝首相は、都内でメンバーと異例の会談。「（中国での）公演を心から歓迎する」と言及した。

日本側も、丹羽宇一郎駐中国大使（当時）が一一年に入り、公の場で「SMAP」「嵐」の名前を再三挙げていた。青海省を視察した際も、胡錦濤国家主席や陸昊《りくこう》・中国共産主義青年団第一書記（いずれも当時）に「嵐」のDVDを贈ったことを明らかにしていた。

一一年五月も公演を予定したが、東日本大震災の影響で再び延期になった。度重なる見送りにもかかわらず公演が実現したのは、SMAPの影響力が日中関係の緩和を後押しすることを日中両政府が期待したからだろう。人気ロックバンド「GLAY」が国交正常化三〇周年の〇二年に北京でコンサートを開き、当時の江沢民国家主席と面談した。今回はそれ以来の大物スターの訪中だった。

一一年九月一五日、北京の人民大会堂で「SMAP」のメンバー五人が中日友好協会の唐家璇元国務委員と面会した。唐氏は「公演には震災復興支援の意味もある。両国の文化交流史においても重要な意義を持つ」と激励した。温家宝首相から「五月の私の訪日後、五人から手紙をもらい感謝している。公演を心から歓迎する。成功は間違いないでしょう」とのメッセージが送られた。

メンバーはこれに先立ち、人民大会堂の「重慶の間」で記者会見した。ここには日中の報道陣約一五〇人が詰めかけた。

会見で香取慎吾さんは、結成から二〇年を迎えたことについて「二〇年前に今のような

SMAPがあるなんて想像もしていませんでした」と語り、木村さんは「(東日本大震災では)中国のたくさんの方から、政府もそうですが、日本に対するものすごい支援をしてくれた事実もあるので、気持ちの上では世界中がつながっていると改めて感じましたし、皆さんにとても感謝しています」「(日中の国交正常化)四〇周年を迎えるじゃないですか。今回の僕らのこういった活動が本当に前祝いになればと思っています」と語った。

中居正広さんは「僕たちの年表を作るのならば、(結成後初めての海外となる)北京公演は間違いなく太文字になると思います」とつけ加えた。

公演直前、体育場の周辺を歩いてみた。若い女の子たちはグッズを手にうれしそうだ。この中には、約一五〇〇キロ離れた貴州省から駆け付けたという女性公務員、秦其さん(二五)もいた。「小学生からのファン。木村さんのドラマも歌も大好き」だという。会見で配られていたSMAPのパンフレットを私の手から見つけると、「欲しい」と叫ぶ若い女性の人だかりになってしまった。

メンバーはステージで中国各地からやってきた女性ファンら約三万人を前に、中国語で「世界に一つだけの花」などを歌った。木村さんと日本のドラマで共演した台湾のモデル・女優の林志玲《リンチーリン》さんも登場。公演が終了してから、ファンらがメンバーの名前を叫び続けていた。

日中外交筋は人気の理由について「歌って踊れる美男が俳優としても成功している。そんなタレントはまだ中国には少ない」と語る。二〇年以上も同じメンバーで続けてきたことも一因だ。中国では企業もグループも一〇年単位で続くことの方がむしろ少ないからだ。

微博では、「二〇年（以上）も解散しないなんて簡単なことじゃない」「音楽にバラエティー、映画やドラマもこなすのだから奇跡だ」といった書き込みがあふれた。中国メディアの受け止めも含め、SMAPは「中国にはいない存在」だ。

一六年一二月、在日中国大使館は解散を前に「ありがとうSMAP」と公式ツイッターに投稿した。日本の芸能人について大使館が言及するのは異例で、中国での反響の大きさも反映されたのだろう。広報を担当し、習近平国家主席ら歴代国家指導者の日本語通訳を務めてきた張梅参事官もSMAPのファンだったといい、中国でコンサートを開いて交流したことに改めて謝意を示した。

宮崎駿への敬意

中国人にとって、今でも敬意の対象になっている代表格と言える日本人を挙げるとすれば、アニメ映画監督の宮崎駿氏と俳優の高倉健氏ではないだろうか。この二人への中国人の思いには並々ならぬものを感じた。

二〇一三年一〇月下旬に北京で開かれた言論NPOなどが主催する「北京―東京フォーラム」。この場に姿を見せた加藤紘一・元自民党幹事長は当時、こうあいさつした。

「日中間では今、互いに漫画を見ながら同じ価値観を持っている青年たちが成長している。宮崎駿さんの何が受けているかというと、風の描き方だ。漫画で風をどう描くのか。つまり自然と人間のいい関係をどうやって表現するかに彼は一生力をかけた。その宮崎さんの感覚に中国の若者は大変あこがれているようだ」。

中国メディアで大きく取り上げられる宮崎駿氏

加藤氏はさらに続けた。

「先日、中日友好協会の唐家璇さんの名前で宮崎駿さんを一度北京にお招きしたい、中に立って努力してほしい、という手紙が私のところに来た。一生懸命やっており、近々宮崎さんに（中国に）来てもらいたいと思っている。なぜなら感覚が同じ若者がごまんとおり、きっと宮崎さんは中国で歓迎されると思う」。

宮崎駿氏のファンが中国には無数におり、

唐会長らが訪中を熱望していることを明らかにしたのだ。このころ、中国側は宮崎氏の訪中に向け、各所にアプローチしていたようだ。私も当時、スタジオジブリ側に取材を試みた。

中国での宮崎氏へのあこがれは、中国メディアの破格の扱いを見れば明らかだ。宮崎氏の作品『風立ちぬ』が一三年に日本で公開された時には大々的に伝えていたし、宮崎氏の作品の音楽を担当してきた久石譲氏の曲のコンサートが北京で頻繁に開かれている。中国のプロの音楽家の中には「最も尊敬する日本の音楽家は久石さん」という人もいた。宮崎作品に対する中国人の感覚は「好き」とか「イメージがいい」どころではなく、「敬意」や「崇拝」に近いものだと思う。メディアは「神匠」とも伝えていた。

「宮崎氏を好きではない、と（中国で）発言するのは勇気がいる」、「こんなに風格のあるアニメは中国にはない。これと比べれば多くの中国アニメはすべてちりのようなものだ」、「この偉大さの理由は、宮崎氏の世界が日本にとどまらない、人類のために心を捧げているからだ」。中国メディアはこうも伝えていた。宮崎氏の影響力は習近平指導部も認識しており、宮崎氏の訪中が実現すれば外交成果にもつながると判断されたのだろう。

宮崎氏が引退を表明した時、中国メディアは「次の宮崎駿は誰なのか」に注目していた。宮崎氏は一七年二月、長編アニメを製作中と公表されたが、日本アニメの最先端の動きが気になって仕方がない、というのが中国側の本音に違いない。

メディアが宮崎氏を特別視するのはなぜなのか。中国メディア幹部は「宮崎氏の作品からは共同体意識や平和主義のメッセージが伝わってくる」と指摘した。「過度な開発や公害問題は今の中国の悩みの種だ。宮崎アニメが描く深い緑の森と青い空は、中国の人々、特に若者に共感を呼び『こうした美しい風景を残すべきだ』という意識につながっているはずだ。近年『優れたものを見たい』という国民の要求は確実に強まっている」という。

一六年一一月、アニメ映画「君の名は。」の新海誠監督が北京の中国伝媒大を訪れると、会場は立ち見が出るほどの盛況となった。中国ではこの作品は一二月から一般公開され、中国国内では異例の早さとなった。映画で映し出される日本各地の美しい風景は、間違いなく中国人の日本への関心をますます高めているはずだ。「どうやったらあんな素晴らしい作品が作れるのか。中国でも誰かがこれに匹敵する作品を一日も早く作ってほしい」。これが中国人のほぼ共通した思いだろう。

高倉健の存在感

一四年一一月一九日、北京の主要各紙は、日本映画を代表するスター、高倉健氏の訃報を大々的に伝えた。安倍晋三首相と習近平国家主席の初めての日中首脳会談が開かれたわずか数日後だった。突然の訃報は、中国人にとって「日本ブーム」の歴史を振り返るきっかけにもなった。

八三歳で亡くなった高倉健さんは中国でもよく知られた存在だった。中国メディアは相次いで追悼特集を掲載した。高倉さんは、日中平和友好条約が締結された一九七八年に中国で公開された日本映画「君よ憤怒《ふんど》の河を渉《わた》れ」(中国名「追捕」、佐藤純弥監督)の主役「杜丘冬人《もりおかふゆと》」として中国の中高年世代に親しまれてきた。

中国各地で公開されたのは、毛沢東が「紅衛兵」と呼ばれる若者らを動員し、党の要人や知識人らを糾弾した文化大革命(六六〜七六年)の終結から間もない時期だった。鄧小平氏が七八年に訪日し、日本映画を中国で上映する方針を決めたことから公開された。口数は少ないが毅然《きぜん》と逆境を乗り越える高倉さんや、率直に感情を表現する中野良子さんの姿は、中国で驚きをもって迎えられ、当時日本のイメージを大きく変えた。

この映画は、胡錦濤前国家主席や温家宝前首相も鑑賞したという。中国の大都会の若者たちは、高倉さんをまねて上着の襟を立てて歩き、一〇万枚のコートが生産されると半月で売り切れた。その後、日本の映画やドラマが公式に上映・放送され、多くの日本の俳優が中国で知られるようになった。

高倉さん自身、その後も中国とのつながりは深かった。著名な中国の映画監督、張芸謀監督は「追捕」を見て、自分の作品への高倉さんの出演を熱望。〇五年制作の「単騎、千里を走る。」で実現した。高倉さんは〇六年四月、北京映画学院に客員教授として招かれ、「映画づくりを通じて心震える瞬間を味わってほしい」と学生たちに語りかけた。

国営中国中央テレビ（CCTV）は死去から間もない一一月一八日、報道番組で高倉さんを特集した。キャスターは「文化の影響は長く続くもので、今日の高倉健さんへの哀悼の思いは『文化の持つ力の大きさ』を証明している」と語った。「追捕」は中国でリメーク版の製作が進み、公開される予定だ。

高倉さんの死去を悼み、北京の日本大使館に中国人のファンから突然花束が届けられた。北京の日本大使館は「予想外の反応」として、広報文化センターの入り口にそれを飾った。大使館には一二年の反日デモの際、ペットボトルや卵などが投げつけられたが、花が届けられるのに異例のことだった。

中国の中高年層に知られる日本の俳優と主な作品

映画	栗原小巻	「サンダカン八番娼館『望郷』」「愛と死」
	松田優作、三船敏郎	「人間の証明」
	大竹しのぶ	「あゝ野麦峠」
	倍賞千恵子	「幸福の黄色いハンカチ」
	松坂慶子	「蒲田行進曲」
テレビドラマ	山口百恵、三浦友和、宇津井健	「赤い疑惑」
	田中裕子	「おしん」

大使館によると、花は高倉さんの死去が伝えられた翌日に送られてきた。うち一つは中国の著名な俳優、孫淳《そんじゅん》さんと作家の王斌《おうひん》さんの連名によるものだった。

添えられていたメッセージには、こう書かれていた。

「高倉さん亡くなられたと聞き、涙が止まりません。私達の世代は成長の過程で深く影響を受けました。これは私達の人生の一部であり、当時の心情は何よりも重いものでした。人生最後の道を共に歩む方法はありませんが、このような形であなたを見送り、最後の別れをしたいと思います。高倉さん、いつの日か、また天国でお会いしましょう。その時まで、私達はあなたの高貴な精神を追求します」

大使館によると、死去を悼む電話も数件寄せられた。高倉さんについて微博で紹介したところ、通常の一〇倍近く転送され「友好の象徴のような人」「素晴らしい思い出をありがとう」などといった声が寄せられた。

高倉さんはどんな存在だったのか。この二人に改めて聞いてみた。

作家の王斌さんは福建省出身で、張芸謀監督「単騎、千里を走る。」などの製作に協力した。王さんは自宅マンションのカフェに、高倉さんからもらった記念の品を身につけて現れた。

高倉健さんから託された帽子や上着を身に着けて取材に応じる王斌さん（2014年12月）

王さんによると、初めて「追捕」を見たのは江西省で働いていた二〇代の時で、高倉さんは畏敬《いけい》の対象だった。北京で初めて本人に会ったのは〇三年ごろで、「単騎、千里を走る。」の打ち合わせの席だった。高倉さんは、友情の証しとして、帽子や上着、時計を王さんに託した。「高倉さんは、当時の中国の若者たちが本当の思いをうまく表現できなかった時代に目の前に現れた、とてもまぶしい存在でした。今の中国の国家指導者で高倉さんを知らない人は皆無でしょう」。王さんはかみしめるように語った。

もう一人は俳優の孫淳さん。山東省出身で、中国の映画「大閲兵」や「辛亥革命」などに出演した人気スターだ。普段はメディアの取材は受けないが、「高倉さんのためなら」と家族同伴で取材に応じてくれた。孫さんは高倉さんの演技を真似しながら、「一つの時代が終わった。礼節を重んじ、少ないせりふで自分の思いを伝えられる高倉さんのような役者でありたいと思ってきました。高倉さんのような存在が今ますます貴重に感じられるだけに、訃報は本当に残念です」と繰り返した。

日本映画に詳しい「人民中国」の王衆一総編集長は、「追捕」のストーリーを再現した小さな場面集を今も大切に持っている。一九八一年に作られ、一四四万冊売れたという。ハリウッド映画も破ったことがない延べ一億人以上という観客動員記録を作ったとされる。

王さんはこう指摘した。『追捕』が中国で広く受け入れられたのは、文革時代のヒーローを否定し、中国が改革開放にかじを切り、外に扉を開こうというタイミングと合致したからです。今の時代にはかつての高倉さんのような大スターは生まれないでしょう。ですが、日中関係がどんなに複雑になっても、過去にこうした心の交流の歴史もあったことは決して忘れるべきではないと思います」。

高倉さんのことを語る時、誰もが若いころの自分に戻ったようにうれしそうに振り返ることが印象的だった。高倉さんの存在感の大きさは、今も日中関係をつなぐ得難い財産であり続けている。

東アジアをサッカーの一大拠点に

中国での日本への関心は、アニメや映画にとどまらない。スポーツでも確実に広がっている。中国は五輪で金メダルを量産するスポーツ大国だが、これから広がりそうなスポーツや武道もある。ここではサッカー、野球、剣道を取り上げてみたい。

サッカーでは、中国の実力は日本に後れをとり、国力の割に力が及ばず、課題が多いと北京の人たちは受け止めている。ワールドカップに出場するなど、「サッカー強国」への期待は強い。

中国政府は二〇一五年三月、「中国サッカー改革発展総合プラン」を公表し、本格的に「サッカー強国」を目指し始めた。プランは短期、中期、長期の目標で構成され、中国の特色を生かしたサッカースタイルをまず定めてから、世界ランキングで男子はアジア上位、女子は世界上位の力をつける。その後、ワールドカップ（W杯）開催と男子の世界ランキング上位入りを目指す。二五年までに小中学校の強豪校を五万校に増やし、サッカー協会を政府部門の国家スポーツ総局から独立させ、国際交流などの自主権を強めるとしている。

中国の本気度を聞こうと、中国サッカー協会顧問会社「オーシャンズ」の朱暁東会長を一五年四月に訪ねた。

朱会長によると、中国がサッカー強化に熱心なのは、単に習近平国家主席がサッカーファンだからではない。サッカーが地方都市の安定した運営に役立つことや、中国の産業構造の変化も関係しているという。

サッカーの長所は、チームが地域社会に根ざしていることだ。住民は地元チームを応援することで自分たちの居場所を確認し、地元への愛着を深め、地域社会が一つにまとまるきっかけになる。これは、中国政府が掲げるスローガンの一つである「和諧社会」に通じる。

「中国は、今や製造業以上にサービス業を重視する国になりました。その中でもスポーツ関連産業はまだまだ拡大の余地があるのです。李克強首相は一四年に、二五年までにスポーツ関連産業を五兆元規模に拡大する方針を打ち出しました」と朱会長は言う。ハードルは少なくない。サッカーはスピードや技術が秀でていれば選手として大成するわけではなく、才能が後になって花開くこともある。選手層の裾野をさらに広げ、目標となる大会を増やし、地元のサッカー組織を強化するための協会会員の登録制度を充実させていく必要があるという。

朱会長は、日本との協力について触れた。

「東アジアを欧州と並ぶサッカーの一大拠点にするためには、アジア全体のレベルアップが欠かせません。そのためには日中のサッカー協力は非常に重要になります。中国には、日本の組織重視のサッカーに学ぶべきだとの意見は多いのです。中国のレベル向上のため、日本のプロチームや指導者との交流をいっそう進めるべきだと思います。中国は日本のサッカーに敬意を抱いています。サッカー交流の強化は日中関係を深める重要な要素になりうるのです」。

こうした声は、北京の元Jリーガーからも耳にした。

一四年夏に話を聞かせてくれたのは徐暁《じょぎょう》飛《ひ》さん（三二）。コンサドーレ札幌で〇五年にプレーし、中国プロチームにも所属した。引退後は映画撮影の傍ら趣味で仲間とボールを蹴っているという。

徐さんは小学生の時に香川大に留学した母親と来日した。日本でサッカーを始め、プロになった。

徐さんが日本サッカーから学んだのは「チームのために動くこと」だった。「中国選手は管理され、社会との接触が少ないままサッカー漬けになるので自分勝手になりがちです。パスの後に動かず、先が続きません。日本に追いつくには早くて一〇年かかるでしょう」とみる。

北京のプロサッカー関係者から、日本人と中国人のサッカーの違いについて聞いたことがある。「中国の選手は自分で考える習慣が不足しているように感じる」という。サッカーは場面ごとに自分で判断を下すことが必要だが、リスクを避けようとするプレーが出てしまうのだという。「言われたことには従順だが、失敗しても負けても自分で責任を負わずに監督のせいにする。それを脱皮して自分たちの力で結果を出していくまでにはまだ時間がかかるでしょう。どのように選手の心に響くアプローチをするのか、また選手にどう夢を持たせるかが課題になるでしょうね」と指摘した。

注目される野球と剣道

野球は中国では「棒球」という。だがこれまで存在感は薄かった。プロリーグはあるが、規模は小さい。サッカーやバスケットボールのようにテレビで放映されることもない。「ルールが複雑で、五分見れば理解できる他のスポーツとは違う」（中国人の友人）というのが一般的な受け止め方かもしれない。〇八年の北京五輪で瞬間的に熱は高まったが、その後下火になってしまった。

だが近年、「おしゃれな先進国のスポーツ」として再び注目されている。中国の若者がインターネットを通じ、野球に触れるようになった。スタジアムの華やかさに魅せられ、米大リーグや日本のプロ野球、高校野球を見ながらルールや技術を学ぼうとしている。

一四年夏、名門・清華大学の野球グラウンドを見学した。一三年にでき、部員が二〇人余りいるという。「体格ではなく、技術や知恵で勝負できる」。博士課程で学ぶ選手兼コーチの劉睿劼《りゅうえいかつ》さん（二七）が魅力を語った。

だが、中国での普及には時間がかかりそうだ。私は中国人の友人と東京の球場で何度かプロ野球観戦をしたことがあるが、大抵の友人が「野球のルールは複雑」と受け止めていた。どうやったら点数が入るのか、塁の進み方、守備位置、打順、またストライクやアウトの取り方といったことを説明するのには工夫がいる。なじみのない人から見れば、野球は相当頭を使うスポーツだ。

しかし、説明すれば多くの中国人がその面白さを理解してくれる。日本や米国で野球を知る人が増えていけば、中国で再びブームになる可能性は十分ありそうだ。

中国誌記者として中国野球を取材した経験がある日本人の専門家は「技術は日本と開きがあるが、才能を秘めた選手はいる」と期待する。野球が中国で広がれば、野球先進国・日本の中国での存在感も増してくるはずだ。ファンの層が広がり、北京でプロ野球が観戦できる日が来るかもしれない。

剣道も近年注目を集めている。

一四年春、北京の北東にある麗都地区の北京日本人学校には遅くまで明かりがともっていた。体育館には約二〇人の剣士たちが集まり、竹刀の音と気合の声が響く。「北京日本人会剣道同好会」の練習だ。防具には「王」「劉」と書かれ、中国人が交じっているのが分かる。足の踏み込みと、打ち込みが微妙にずれている。「大人になって始めたので体を正しく動かすのが難しい」と王松《おうしょう》さん（四〇）は苦笑いした。

剣道好きの中国人が増えている事情は、〇三年から北京で日本語教師を務める傍ら同好会の指導者を務めてきた森田六朗さんが出版した『北京で二刀流』（現代書館）に詳しい。それによると、〇四年ごろ、北京には初段を持つ中国人は数人しかいなかった。タクシーに竹刀や防具を持ち込むと「釣り？」と聞かれるほど知られていなかった。

その後、漫画「六三四《むさし》の剣」やテレビゲームなどの影響で始める人が増えた。大陸の各剣道団体をまとめる「全中国剣道連盟」も創設された。剣士は増え続け、四、五段の実力者もいる。

なぜ好きなのか。同好会の女性剣士、劉純燕《りゅうじゅんえん》さん（二七）は「確かに中国はお金やモノでは豊かになったけれど、仕事や学業で何かとストレスが多い。剣道の精神を学び、心をもっと強くしたいのです」と言う。「日本の刀」はかつての戦争、「正座」は「相手への屈服」を連想させるという中国人の考え方は、少しずつ変わっているようだ。

増え続ける旅行者

中国には日本にはない長期休暇がある。一〇月上旬の建国記念日（国慶節）と、一～二月ごろの春節だ。数億人規模の国内外の大移動の時期でもある。かつてはふるさとに戻るための国内移動だったが、近年は実家に戻らずに旅行に出かける人が増えてきた。中国人旅行者が日本を含む海外に出かけ「爆買い」現象が起きた。

北京ではこうした時期、天安門や故宮といった有名スポットはどこも大混雑に悩まされる。地方の観光名所も事情は同じで、足を延ばすならかなり時間と労力を消耗すると考えた方がいい。

また、旅行者のマナーの悪さも近年問題視されている。中国共産党機関紙「人民日報」は一三年、マナーの悪い行為として、つばやガムを吐く、所構わずごみを捨てたばこを吸う、列に並ばない、公共の場所で大声で話す、立ち入り不可の緑地を踏む、花や枝を摘み取る、遺跡や文物に登ったり、触れたり、過度に写真を撮ったりする行為を挙げた。

政府も頭を痛めているようだ。中国外務省は特に海外でのこうした行為は、中国人への反感を招き、国家のイメージやソフトパワーに悪影響を与えるうえ、現地の企業や中国人、留学生らにマイナスの影響を与える、現地の法律に違反すれば不要な面倒や損失を増やしてしまい、党や政府のイメージ悪化に影響し在外公館への大きな圧力となってしまう、と呼びかけている。

北京紙「新京報」は一三年一一月、この一〇年間の中国人旅行者の変化について特集した。〇三年ごろは旅行日数は「七日以下」が七七％だったが、今ではほぼ同じ割合の人が

中国の高所得層の旅行者の行き先や行動ランキング

海外	①オーストラリア ②フランス ③ドバイ ④スイス ⑤モルジブ ⑥米国 ⑦日本 ⑧ドイツ ⑨シンガポール ⑩ニュージーランド
国内	①海南省三亜 ②香港 ③チベット自治区 ④雲南 ⑤マカオ ⑥浙江省杭州 ⑦新疆ウイグル地区 ⑧北京 ⑨山東省青島 ⑩四川
関心	● 自然探索 ● ドライブ ● 南極・北極 ● リゾート島 ● クルーズ ● 屋外探索 ● 芸術文化 ● 食事や買い物 ● 登山 ● ヨット

14年6月4日付「新京報」より

「七〜二〇日」の日数を過ごすようになった。一〇年の間で「交通事情の改善」「旅行に関する情報の増加」「目的地の多様化」「ビザの簡素化」が発達した一方、「観光スポットの入場料金」「国内観光地のサービス」が高騰したり悪化して「買い物の強制」「各地の混雑」「ガイドの劣化」「旅行者のマナーの悪さ」も目立つようになったと伝えた。

日本についても「より広く、深く知りたい」というニーズが中国でいっそう高まっている。富裕層を中心とした需要に応えようと一三年一月に創刊され、読者を増やしてきたのが中国の富裕層向け日本旅行専門雑誌「行楽」だ。

「行楽」は中国の都市部のコンビニエンスストアやインターネットで販売されている。読者層は三〇〜四〇代の高学歴・富裕層を想定している。雑誌販売に加え、日本の旅行愛好者である読者の交流会も企画している。最近では車窓から見るだけではなく、実際に日本人、日本社会と触れ合えることを目指し「体験有温度的日本」をキャッチフレーズにしている。

「行楽」発行人の袁静さん（右、2015年6月、上海市内の編集オフィスで）

雑誌が中国で支持される理由や中国人の日本への関心の変化について、発行人の袁静《えんせい》さんに一五年六月に聞いた。袁さんは上海市出身で、北京第二外国語学院、早稲田大大学院で学び、日本の大手出版社に勤務した経験を持つ。中国人観光客の誘致に貢献したとして「VISIT北海道大使」や「薩摩大使」（鹿児島県）にも任命された。袁さんは日本と中国を頻繁に往来し、取材前後も慌ただしくオフィスを出入りしていた。

袁さんは、二〇〇六年まで九年半ほど日本で生活し、東京周辺や福島などに旅行した際、豊かな自然や温泉、食事を満喫し「中国人も観光や買い物目当ての団体旅行から、いつか少人数で特徴のある日本の旅を求めるようになる」と予感した。

その後、日本での仕事の経験を生かして北海道を紹介するフリーペーパー「道中人」を〇九年に創刊。一一年から九州観光を紹介する「南国風」も発行し、日本全国を対象にした有料雑誌「行楽」に統合した。一二年九月は中国各地で激しい反日デモが起き、ちょうど「行楽」の創刊準備中だったが、中国当局からの規制や妨害は受けなかったという。

近年の旅行者の関心について袁さんは「何度も日本に行く人は、それだけでは満足できなくなりました。中国人の富裕層は今、中部地方や四国、九州の農村といった『中国人が比較的少なそうな所』に行きたいのです。熱気球に乗ったりスキーをしたりするなど、中国よりも日本で体験しやすいことをし、清潔な居酒屋やレストランで日本でしか味わえない和牛やすし、B級グルメを食べたいと考えています」という。

買い物をするなら質の高い工芸品や文房具、焼き物やグラスなどに関心があり、来るたびに日本への理解が深まり、「より広く・深く、地方都市・体験重視」に変わってきた。

さらに九州旅行は当初、中国の旅行会社の関心は低かったが、九州各県の中国事務所がここ数年PR活動を続けた結果、次第に中国人が直行便で足を運ぶようになった。「今や九州は上海で『九〇分で行ける異国・温泉郷』として知られるようになりました」と袁さん。「日本には『中国のどこで探してもないもの』がたくさんあるのです。北京や上海には高級ホテルのチェーンがたくさんあり、上海には日本料理店が三〇〇〇軒以上あると言われます。そこにないものを求めると、日本の高級料理店や温泉、日本人と交流ができる民宿などに目が向くのです」。

「『微信』の普及で、日本への旅行者から発信される情報が圧倒的に増え、中国で情報が共有されてきたことも日本旅行人気をますます高めています。清潔でサービスの質が高い日本社会は、見栄やメンツを気にし、少しでも周囲の人より一歩先んじたい、と考える中国人にとって非常に魅力的なのです。日本旅行を体験した多くの中国人が持つ日本への好印象は簡単に揺らぐものではありません」。

日本を訪れている中国人旅行者は、日本で何を見聞きし、感じているのか。北京の日本大使館が微博で募ったところ、コメントや写真が続々と寄せられた。

投稿欄には「旅行は撮影器具を買うよりお金がかかるが、旅行のとりこになった」「金閣寺の入場チケットはずっととってある。お札みたいで、とても特別だ」「（新幹線の弁当は）おいしく見た目もいい」といった内容が書き込まれ、一〇〇〇万回以上閲覧された。

投稿する中国人の共通する主な日本の感想に「清潔」「静か」「（相手への）尊敬」の三つだ。「中国人は日本人が普段思いもかけないところをよく観察し、感心している」。大使館幹部はこう印象を語る。

日本での中国人旅行者を紹介した本としては、ジャーナリストの中島恵さんがまとめた『「爆買い」後、彼らはどこに向かうのか?』『なぜ中国人は日本のトイレの虜になるのか?』などが詳しい。中国人旅行者の動向は、地方都市の経済や日中の民間交流に今後も影響を及ぼすことになりそうだ。

第6章

日中の架け橋をつくる人びと

人民大会堂のステージに立つ盛中国、瀬田裕子夫妻（2014年９月）

地方レベルや文化交流が盛んになっても、尖閣諸島などの主権や歴史問題などで緊張すればブレーキがかかってしまう。日中間は近年、こうした不安定な関係が続いてきた。こうした中、研究者や民間人の間でにに日中関係を冷静に受け止め、安定した関係を築こうと努める人も少なくない。日中の違いをどう受け止め、どう乗り越えればいいのか。長年行き来してきた人たちの声を紹介したい。

日中は近いようで遠い——中国社会科学院前日本研究所長・李薇さん

日本人と中国人の考え方の違いについて、中国社会科学院で日本研究所長を務めた李薇さんに二〇一四年に聞いた。長年日本や日本人について研究を続けてきた李さんは、「中国と日本は、似ているようで実は似ておらず、近いようで遠い」という。

彼女の見方はこうだ。

「中国人と日本人は共に漢字を用い、文化の表向きの部分は似ているため、中国人や日本人は一般的に『通じ合える』と考え、自分たちと同じように行動し、考えることを当たり前だと思ってしまいがちです」。

実際には、考え方や文化の深いところではかなり異なっている。中国語と日本語は文法が違うのもその表れだ。このような事情の認識不足から、双方の心理に多くの疑問や不信感が存在している。

李さんは「道」という言葉に注目している。中国語でこの言葉は、道路や方向、道理、道徳、宗教・思想の体系、などの幅広い意味を持つが、日本語では専門的な技術、学問といった意味も強い。「道」が日本に伝わり、日本文化の影響を受けたことで、中国語の「書法」は日本語で「書道」、「茶芸」は「茶道」、「剣術」は「剣道」となった。

中国文化の特徴は、広大で普遍的なところから出発する。まず全体を抽象的に把握し、その後に具体的な方向に進む。一方で日本文化の特徴はこれとは逆で、まず具体的なところに注目し、その特徴を細かく研究し、それから全体を見始める傾向がある、と李さんは指摘する。

このような相違点は、たとえば両国の学者による学術討論の場でも表れる。日本側の学者は、中国側の学者について「問題意識が広すぎて具体的な問題に取り組まない」と感じ、中国側の学者は、日本側の学者について「細かいことにこだわりすぎて問題の本質を軽視している」と受け止める。「しかし別の見方をすれば、違いに注目することは相互の改善点を見直す好機にもなり得るのです」と李さんは指摘する。

「互いの違いを見いだし、相手の真の姿を知ろうと努力することが、認識不足や誤解、緊張の高まりを防ぐことにつながる、と李さんは訴える。「両国でこうした取り組みはまだまだ不十分です。中国と日本は数千年の往来の歴史の中で、敵でもあり、友人でもありました。両国関係がますます難しくなる中、冷静に相手を理解し、違いを見いだし、地道に対話を続けることが、共通点を導き、安定した友好関係を築くことにつながるのではないでしょうか」と語る。

若者の見方、より冷静に——日本語教師・笈川幸司さん

政治的には不安定な日中関係にあって、日本にとっては注目すべきデータもある。国際交流基金の二〇一五年度の調査によると、世界の日本語学習者は約三六五万人おり、このうち中国は約四分の一の九五万人を占め、国・地域別では最も多い。英語学習志向が強まり前回の一二年度より約九％減ったが、大学や民間学校などの日本語の教育機関数は二一一五機関で、一二年度の一八〇〇機関から約一八％増えた。国際交流基金の関係者は「学生の日本に対するイメージ形成に大きな影響を与えているのが日本人教師であり、その役割はますます重要になっている」と指摘する。

北京を拠点に長年日本語教師を続け、中国の若者に広く知られているのが笈川幸司さんだ。二〇〇〇年代前半から若者たちと接し続けてきた笈川さんに、中国の若者の考え方の変化について二〇一四年春に聞いた。

笈川さんは二〇〇一年に北京に渡り、漫才師を目指した経験を生かし、座学中心の授業を学生による実演重視に変えるなど、独自の教育方法が注目され、清華大や北京大で計一〇年間教えた。近年は「特訓クラス」を企画。中国や海外の教育拠点を回り、講演や学生との交流活動に取り組んでいる。

笈川幸司さん（中央）

——中国で一〇年以上教えてきて、若者たちの変化をどう見ますか。

私が北京の大学で教え始めて間もないころ、日本で学べる若者は国費留学生などごく一握りでした。北京五輪（〇八年）のころから学生の生活は豊かになり、子供の留学費を負担できる親が増え、日本への留学が珍しくなくなりました。

学生たちが書く作文の内容も変わってきました。教え始めたころ、一〇人のうち六人は「経済が発展するに従って」といった型通りの書き出しでしたが、今は友人や恋愛の話にも及び、幅が広がっています。

子供のころ欧米にホームステイした経験を持つ学生も増えてきました。大学に入る前にカンボジアやアフリカでボランティア活動をした、という学生にも会います。即興で楽器を弾ける学生も珍しくなく、「スマホを今までに三回なくした」と平気で話す人もいます。

――若者たちと接していて、気になる点はありますか。

一人っ子で幼いころから甘やかされているせいか、我慢とか、地道に取り組むことに慣れていないようです。「自分は楽をし、より多く稼ぎたい」と考える傾向が強くなっているのです。日本では成績よりも正直である方が評価されますが、中国ではいい成績さえ取っていれば、周囲が厳しく言わない雰囲気が感じられるのです。

自分の責任を自覚したり、反省したりすることに慣れていない子供たちが育てば、社会に出てから人に指示されて働くことはますます苦手になっていきます。自分で改善しようと思えば良いアイデアが出てくるはずですが、相手のせいにしていてはアイデアも浮かびません。これが中国人のプロ意識が育ちにくい一因ではないでしょうか。

私が中国に来たころは日本語教師の条件について厳しく言われませんでしたが、現在では中国の主要大学で教師になるには、中国人の場合は博士号、日本人の場合は修士号が必要になっています。今の学生世代にあたる「九〇後」（一九九〇年代生まれ）は総じて学歴が高く、学歴や経歴で相手を判断する傾向が強くなっていることも無関係ではないと思います。

――逆に、好感が持てる点はありますか。

今の学生たちは早いうちから国外に出る機会を多く与えられています。大学には世界中から教員や留学生が集まり、外国人と接する機会も増えました。大学で学業を重ね、教養が高い学生ほど、国営中国中央テレビ（CCTV）などの官製メディアよりもインターネットを通じて伝わる情報を信頼し、日本を割と冷静に見ているという印象です。好きなものの共通点が増え、「日本人」と「中国人」の違いはなくなりつつあり、分けて考えること自体に無理が生じてくると思います。日本人と話が通じ、自然に接することのできる新世代が少しずつ育っています。

両国に潜む「内圧」――香港フェニックステレビ東京支局長・李淼さん

北京で報道番組を見ていると、日本各地からリポートし、奮闘する女性記者の姿が目にとまる。香港フェニックステレビ東京支局長の李淼《りびょう》さんだ。

李さんは吉林省出身。吉林大学日本語学科を卒業後、一九九七年に来日した。慶応義塾大学大学院で国際関係を学び、博士課程単位取得退学。NHK国際放送中国語アナウンサーを経て二〇〇七年から香港フェニックステレビ初代東京支局長となった。安倍晋三首相ら日中両国の政界の要人を数多く取材し、東京の首相官邸や外務省で開かれる記者会見にも出席している。

李さんが発信する情報は中国で注目度が高い。長年の日本取材で見えてきた日中関係の課題を聞こうと一四年七月、東京都内の李さんのオフィスを訪ねた。

――長年の取材で、どんなことが印象に残っていますか。

第一次安倍政権の時に取材を始め、これまでに民主党政権発足や東日本大震災などを取材してきました。震災発生時の東京からのリポートで、津波が沿岸に押し寄せる映像を紹介していたら涙があふれ、途中で声を詰まらせてしまいました。これは中国のインターネット上で「なぜ日本人のために泣くのか」と批判されたのですが「感動した」「被災者を早く救援すべきだ」といった声も少なくありませんでした。

毎年八月一五日には靖国神社で取材していますが、中国語でリポートをしている最中に石を投げられたり、「出て行け」と追いかけ回されたりもしました。靖国神社を取材するのは勇気がいりますが、中国での関心は高く、欠かせません。

――視聴者の反応はどう変わってきましたか。

中国の視聴者にとって、日本に関するニュースは国際報道の中で一貫して最も関心が高

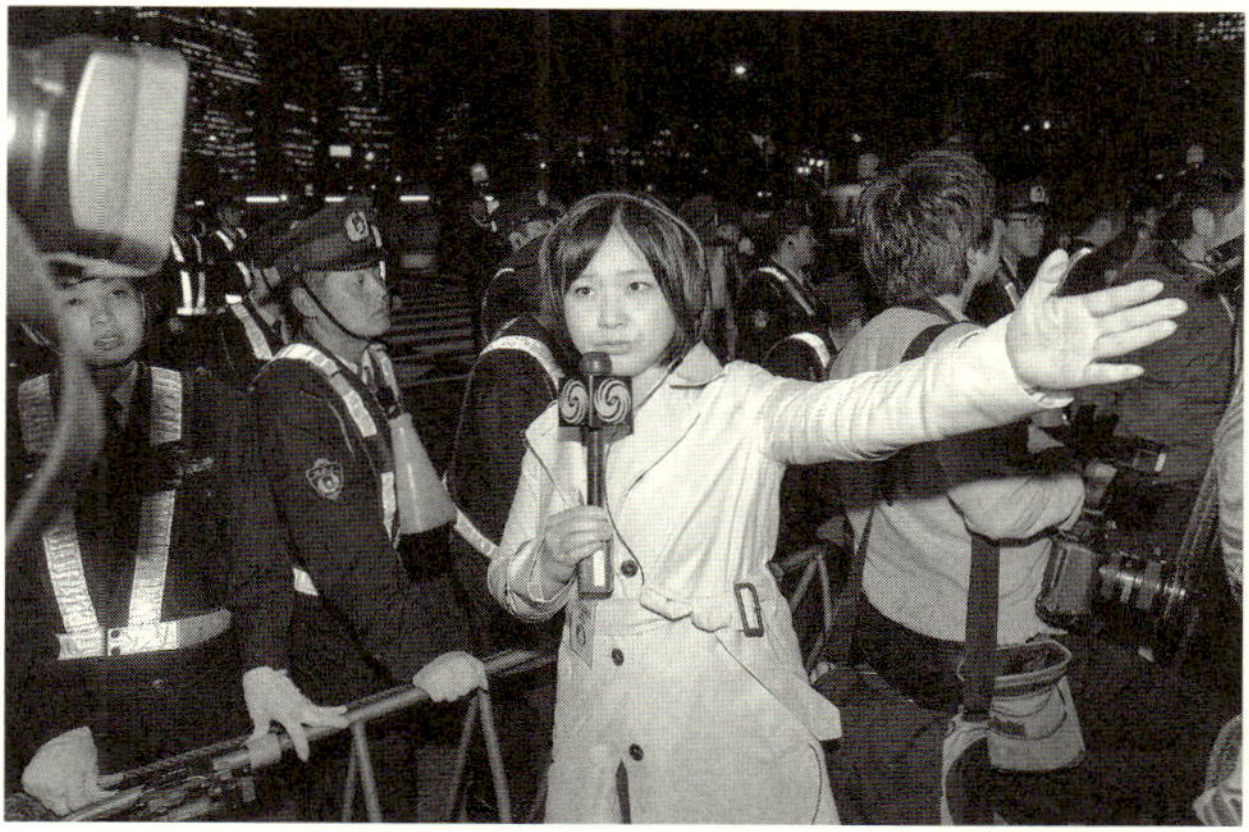

安全保障関連法に抗議するデモの様子を中継する香港フェニックステレビの李淼東京支局長（2015年、本人提供）

く、需要があります。日本を旅行する中国人は増え続け、中国で日本の動向に対する注目度はますます高まっており、夜のニュースのトップで扱う頻度が増えています。東京支局の開設は二〇〇七年五月で、当時は日本のアニメや高度な科学技術についての関心に応える形でこうした報道もしていましたが、一二年九月に日本政府が釣魚島（尖閣諸島の中国名）を国有化し、「中国を牽制」という言葉が日本の政府やメディアで頻繁に使われるようになってからは、ますます中国の世論も敏感になってきました。

　仕事は増える一方です。普段は政治関連の報道が多く、日本の政治で大きな動きがあれば、朝八時に自宅で電話中継、首相官邸周辺の現場取材・リポート、原稿執筆、速報の対応、安倍晋三首相ら政府首脳の発言を伝えるテレビ放送の中国語同時通訳、夜のニュースでの解説などを順々にこなし、未明の帰宅も珍しくありません。

——取材で普段心がけている点は。

政治や歴史問題の報道が多いのですが、少子高齢化に伴う福祉政策など、普通の中国人があまり知らないところを掘り下げたいという思いはあります。最近では、問題点の賛成・反対双方の意見を伝えることや、当事者や一次資料に当たるという取材の基本作業の大切さをますます感じています。最近、根拠が不十分と思われる報道が先行し、騒ぎが大きくなった例が相次いで起きたのです。両国関係は敏感な問題なので、事実と違う報道が先行すれば対日強硬世論に火がついてしまい、報道した社の訂正や修正だけでは済まなくなる事態も起こり得ます。メディアの責任はますます重くなっています。

——微博や微信などでも情報発信されています。

私のフォロワー（読者）の数は、日本にいる中国人記者の中ではかなり多い方です。発信しているのは主に、中国であまり伝えられない日本で中国人が巻き込まれた事件・事故の情報や中国に関する話題などです。根拠が不十分な報道があれば、それを修正するために微博で発信することもあります。

短い発信でも短時間で数百のコメントが寄せられますが、一二年九月以降、私に対する批判はどんどん増えてきました。私は報道をする時、日本政府の発表をよく引用しますが、事実関係を伝えるだけでも「売国奴」「中国に帰ってこなくていい」などと書かれてしまうのです。最近は数が多すぎて見ないようにしています。中国国内でナショナリズムがますます強まってきたことの表れだと思います。

ただ、世論に迎合して基本作業をおろそかにするわけにはいきません。私が微博で発信しているのは、中には「正しい日本の情報が知りたい」という切実な声も寄せられるからです。関係が難しい時期だからこそ、冷静な伝え方と十分な裏付けが大切だと思います。

――日中関係は、どんな状態にあると思いますか。

両国でより強硬な政策を求める世論の圧力が高まり、それに政府やメディアが押されているように見えます。両国に潜む「内圧」とも言えると思いますが、これこそが最大のリスクではないでしょうか。この圧力を乗り越えていくためには、一人でも多くの人が相手の国の事情や考え方を深く理解するとともに、過激で排外的な言動や暴力などに対する危機感を持ち続けることだと思います。両国民の直接の交流を継続しつつ、メディアとしては国内外からの批判に耐えながら、客観的で建設的な方向を意識した報道に地道に取り組むことだと思います。

習近平夫人との親交——歌手・芹洋子さん

一九七〇年代のヒット由「四季の歌」をきっかけに、三〇年以上にわたり中国との文化交流を続けてきたのが歌手の芹洋子さんだ。

東大阪市出身の芹さんは、一九七〇年に音楽界に入り、七二年にレコードデビューし、NHK紅白歌合戦にも出演した。「愛の国から幸福へ」(七四年)で北海道の「愛国駅」「幸福駅」がブームにもなった。七六年に歌った「四季の歌」はミリオンセラーとなり、中国でもヒットした。これまでに北京市のほか、上海市、江蘇省南京市、遼寧省大連市などでコンサートを開いてきた。

芹さんは、北京の日本大使館が中心となって実施した「日中文化交流集中月間」(二〇一五年一〇~一一月)さなかの一一月一三日、北京市北西部の中央民族歌劇団民族劇院ホールで、八年ぶりとなる北京公演に臨んだ。

芹さんはたびたび訪中してきたが、その間に中国の国民的歌手であり、習近平国家主席の妻でもある彭麗媛《ほうれいえん》さんと出会い、交流してきた。

山東省出身の彭さんは、文化会館館長の父と劇団俳優の母の間に生まれた。一四歳から声楽を学び、中国軍の所属歌手として活躍した。習主席とは一九八七年に結婚し、娘がいる。習主席の外国訪問にたびたび同行する一方、エイズの予防・治療の宣伝活動にも取り組んでいる。彭さんは、若い時から芹さんの歌を口ずさんでおり、日本へのイメージを膨らませたようだ。彭さん自身、日本製の化粧品が好みだという。彭さんは外国訪問などで姿を見せるが、公に姿を見せる機会は限られている。そんな中で親交を持つ芹さんは貴重な存在だ。

北京のコンサートで花束を受け取る芹洋子さん（2015年11月）

二〇一五年夏、公演を控えた芹さんに、中国との文化交流のエピソードを東京で聞いた。芹さんはこれまでの訪中時の写真などを手にし、懐かしそうに振り返った。

――八年ぶりの北京公演への心境をお聞かせください。

二〇〇七年に、中華全国青年連合会の招きで北京の人民大会堂を訪れ、胡錦濤国家主席（当時）の歓迎夕食会などで歌って以来になります。実は一二年も国交正常化四〇周年の「日中国民交流友好年」のフィナーレで北京で歌う予定でしたが、（尖閣諸島国有化による）日中の政治関係の悪化で実現できませんでした。

今回で中国での公演は一九回目になります。彭さんとはこれまでに三度、公の場で一緒に歌う機会がありました。今回もしチャンスがあれば、またぜひ「四季の歌」を一緒に歌いたいですね。

――中国との縁ができたきっかけを教えてください。

一九八〇年ごろ、NHK国際放送の番組で「四季の歌」を歌いました。中国は文化大革命が終わり、改革・開放にかじを切って間もない時期でした。「四季の歌」の覚えやすい旋律が中国人の心に響いたのか、ラジオでこの曲を聴いた中国の若者の間で「ぜひ招待したい」という声が出たようです。

中国政府の招待で八一年に初めて訪中しました。その時は北京空港に着いた場面からテレビが中継し、初公演の時には会場付近に入場券を求めて行列ができるほどで、当時としては非常に珍しい出来事だったそうです。多くの若者が「四季の歌」を日本語で歌っていました。一番の「春」だけ中国語に訳されたりもしました。

――彭さんとはどのように出会ったのですか。

八四年、三〇〇〇人の日本の青年とともに訪中した際、記念行事で一緒に「四季の歌」を歌ったのがきっかけでした。当時、彭さんは白い中国服姿で、きれいな日本語で歌い、その場で意気投合して、思わず抱き合ってしまいました。その後は〇七年に北京、〇九年には東京で再会し、一緒に歌わせてもらいました。

彭さんは朗らかで気さくな人です。その場にいるだけで会場が明るくなるような印象でした。彼女は早くから「四季の歌」を聴いていたようで、自分のコンサートでもこの曲をよく歌ってくれていたそうです。〇九年に再会した時には、習さんが共産党総書記に就任する方向で話が進んでいたので、周辺には「そうなれば好きな歌が歌えなくなってしまう。だから今歌っておきたい」と話していたそうです。その直後、まだ国家副主席だった習さんが訪日し、その際に「妻がお世話になりました」と声をかけられました。

――当時、中国は胡指導部でした。

胡さんについては、こんな出来事がありました。八四年の訪中の際、歌を披露してホテルに戻った後に「芹さんにどうしても会いたい」とフロントに訪ねてきた方がいました。幼い娘を風呂に入れていたので部屋を出るまで一時間かかったのですが、その間、ずっと待っていてくれていたその人が胡さんでした。

三〇〇〇人交流事業を取り仕切っており、すらっとした紳士という感じでした。時の共産党トップは胡耀邦総書記で、私の娘のことを「最年少の音楽大使」と呼んでくれました。胡総書記からプレゼントされた中国の服を、胡錦濤さんがわざわざ届けてくれたのです。胡さんとは一緒にお酒を飲んだりもしました。後に国家主席になるなんて思いもしませんでした。国家主席就任後に短時間会った時も「娘さんは当時このくらい小さかったですね」と話され、娘のことをよく覚えていました。

政治的な立場もあり、報道で見れば厳しい顔をしていますが、個人的に会ってみると、地位を感じさせない印象でした。ざっくばらんな感じです。

——依然として、日中は難しい関係が続いています。

国家指導者の性格や方針が、私の中国との距離感を変えてきたのは確かです。実際、江沢民氏が指導者だった九〇年代は私も訪中の機会がほとんどありませんでした。中国の場合、政治と文化を切り離すことが難しい面があります。

大きな木はしっかり根付いていれば、先の枝は折れたり枯れたりしても、立派な花を咲かせることができます。私はこうした木のような存在でいたいと思っています。

一一月一三日夜のコンサートで、芹さんは「いい日旅立ち」や中国の「海よわが故郷」などを熱唱。若いころに芹さんの歌を耳にしたことのある人たちが歓声を送った。

芹さんを取材しながら、私は今回の訪中で彭さんと再会できるかどうかに注目していたが、残念ながら実現しなかった。この理由を日中関係筋は「彭さんは政治的に重い立場になり、古い友人にすら簡単に会いにくくなったのだろう」と語った。だが芹さんの数々の歌は彭さんをはじめ、今も多くの中国人の心に生き続けている。芹さんが込めたメッセージは、改めて中国のファンの心に響いたのは間違いない。

音楽を通じての交流――盛中国、瀬田裕子さん夫妻

クラシック音楽を通じ、日中の交流を長年続けてきたのが中国人バイオリニストの盛中国さんと、日本人のピアニスト瀬田裕子さん夫妻だ。一九四一年に当時の四川省重慶市に生まれた盛さんは六〇年にモスクワ音楽学院で学んだ。六二年にチャイコフスキー国際音楽コンクールで栄誉賞を受賞し、帰国後、文化大革命の時代を経て七〇年代後半から音楽活動を再開した。国政助言機関の中国人民政治協商会議（政協）委員を〇八年まで四期続けた。現在は中国バイオリン学会会長を務めている。東京都出身で国立音楽大ピアノ専攻を卒業した瀬田さんと知り合い結婚。瀬田さんは二〇年以上にわたり盛さんの伴奏を担当し、ソロ活動も続けてきた。二人は中国の名曲「梁山伯と祝英台」「黄河」などを演奏し、新潟県三条市で八〇年代から毎年リサイタルを開催してきた。

二〇一四年、結婚から二〇年余りとなった夫妻に、日中両国での音楽活動や、音楽を通した日中関係について北京の自宅で聞いた。

――四半世紀以上にわたり、二人で演奏活動を続けてこられました。

瀬田さん　私たちが知り合ったのは一九八六年です。ピアニストとして本格的に活動を始めた年に、国際コンクールの審査員として来日していたのが盛でした。伴奏を頼まれ、言葉は分からなくても演奏を通じて素直に心が通じたような気がしました。八七年から一緒に公演を始め、盛の伴奏を務めるため短期ビザで中国に通い続け、七年後に結婚しました。

二人で音楽を続けてこられたのは、盛の人間性に学ぶところが大きかったですね。盛からは、音楽との向き合い方や音楽の持つ力を教わりました。盛は、日本の高度経済成長の時代に比較的恵まれた環境で育ってきた私とは全く異なる経験を持っていました。一緒に始めたころ、キャリアや実力で大きな差を感じましたが、盛の経験を受け止め、共に活動することで吸収し、私の音楽も大きなものに変わってきた気がします。

――日中関係は政治に左右され、浮き沈みしています。演奏活動への影響はありませんか。

盛さん　忘れられない出来事があります。〇五年、山東省の大学に演奏に出かけた時のことです。小泉純一郎首相（当時）の靖国神社参拝の影響により大学で日本車を焼き払う事件があったとして、大学側から「安全が保証できないので、瀬田さんはステージに立たないように」と言われました。

私は一人でステージに立ちましたが、「中国人にも日本人にもいい人、悪い人がいる。皆さんは両国のために尽くしてきた日本人を歓迎できないのか」と学生たちに訴えました。すると瀬田を会場に呼ぼうと拍手が三〇分も続いたのです。急遽招かれた瀬田は会場で涙ながらに演奏をしました。どんなに関係が難しいものであっても、相手を理解しようと努力する人は確実にいるのです。

瀬田さん　一二年の反日デモの時期も、普段と変わらず公演できた場所もありました。今、中国では日本人はもちろん、中国の一流の音楽家が中国の地方の都市や農村に出かけて演奏する機会は決して多くありません。楽器や会場はさまざまですが、「立派なホールでなければ弾けない演奏家」ではなく、「私たちが行った場所が（どんな場所でも）ホールのようになる演奏家」であるよう努力したいと思っています。

――盛さんの音楽についての原点はどのようなものですか。

盛さん　私は音楽一家の長男です。一一人きょうだいのうち九人がバイオリニストです。父の厳しい指導を受け、七歳で初めてステージに立ち、九歳の時にはモーツァルトの協奏曲が中国で一時間ラジオ放送され、大きな反響を呼びました。私は中央音楽学院に通った後、国家派遣でモスクワに留学し、六四年に二〇代前半で帰国して「さあこれから」という時に文化大革命が始まりました。

この時、「過去の作曲家による音楽は正常ではない」と紅衛兵に批判され、貴重なレコードはすべて没収されて燃やされました。私は文革を推進した当時の党のやり方に暗に疑問を呈したことで反革命罪に問われ、二年間自由に行動できず、さらに三年間強制労働に従事しました。農作業のため、一日六〇往復の水運びをし、道路舗装などもしました。あまりの苦しさに自殺する人もいました。

周囲にいたのは音楽関係の人間で、私は仕事を終えた後、バイオリンを手にすることができました。皆が労働で疲れ切り寝てしまう中、私は田んぼで懸命にバイオリンを弾き、自分の人間性や理性を心にとどめることができたのです。

仲間を密告して高い地位に就いた人もいました。当時文芸界に強い影響力を持っていたのは女優だった江青で、「江青女史に謝ればまた舞台に立てる」と言われたこともありましたが、私はそうはしませんでした。あの苦しい時代、信念を貫きました。決して望んだ試練ではありませんでしたが、高い技術と華やかさが目立っていた自分の音楽が変わりました。「四人組」が失脚して間もなく、私は中国で最初のクラシックリサイタルを開きました。その後、私の演奏を聴いて涙を流す人の姿を目にするようになりました。中には「演奏を聴いて自殺を思いとどまった」という声も寄せられました。私は人間の情感や平和の大切さを伝えることを強く意識するようになりました。

――音楽活動の傍ら慈善活動にも熱心に取り組まれています。

盛さん　公演の収益を四川大地震など災害で被災した人たちや、山間地の生活条件の厳しい地域に住む子供たちに寄付してきました。それが続けられるのは、文革時代の私の苦しかった経験があるからです。

音楽家には、演奏の魅力を伝えて人を幸せにしたり、聴衆の心を豊かにしたりする役割があります。体力的に楽ではなくても、多くの人に出会い、じかに演奏して素晴らしさを伝えることが大切だと考えています。

――この二〇年余りで、中国人の音楽との向き合い方はどう変わりましたか。

盛さん　中国では政治闘争が長い間続き、改革開放政策はわずかここ三〇年余りのことです。一昔前は皆が貧しく、衣食住を満たすことで精いっぱいで、文化は軽視されてきました。

しかし今は国民が豊かになり、世間には「男は金持ちになれば悪くなる。女は悪くなれば金持ちになる」という皮肉まであります。国内総生産（GDP）が世界第二位になっても、決して国民の道徳心が向上したとは言えません。大きなところでは進歩したように見えますが、細かいところではまだまだ問題を抱えています。国民の多くもそれを自覚しているはずです。

瀬田さん　中国の人たちの間で文化を見直す機運が近年高まってきました。今、地方都市にも立派な音楽ホールが次々にできています。国民の関心は経済から文化に徐々に広がってきたと感じます。

盛さん　中国はこれまで多くの問題に直面してきましたが、少しずつ解決してきました。隣国として日中が友好的でない理由はありません。日中関係の改善の追い風となる活動を続けていくつもりです。

この年の九月二〇日夜、北京の人民大会堂は約七〇〇〇人の聴衆で埋め尽くされた。建国六五周年となる国慶節（建国記念日）を前に、盛夫妻は赤と白の衣装でステージに登場。訪れた人たちが約二時間の演奏に聴き入っていた。

「映画をきっかけに家族のように応援してくれる」――女優・中野良子さん

一九七八年に中国で上映され、中国の人々に強い印象を与えた日本映画「君よ憤怒《ふんど》の河を渉《わた》れ」。この作品でヒロインの真由美役を演じたことをきっかけに中国と三〇年以上かかわってきたのが女優の中野良子さんだ。愛知県常滑《とこなめ》市生まれの中野さんは七一年にデビューし、七八年に中国で出演作の「君よ憤怒の河を渉れ」「お吟さま」が上映されたのを機に中国で幅広く知られるようになった。その後訪中を重ね、九〇年代には河北省秦皇島市の小学校に資金援助し、「中野良子小学校」を建設。遼寧省鞍山市では観光イメージ大使も務めた。

高倉健さんの一周忌に合わせ、北京で二〇一五年一一月に開かれた「高倉健映画回顧展」出席のため訪中した中野さんに、中国観や日中関係について聞いた。

日中関係について発言する中野良子さん（2015年10月、北京市内で）

――中野さんは中国で「チェンユウメイ（「真由美」の中国語読み）」として知られています。

あの作品が中国でそこまで支持されるとは思いませんでした。中国で上映されたのは、文化大革命が終わった直後で、まだ混乱が続いていた時期です。私は七九年に初めて訪中し、歓迎ぶりには驚くばかりでした。中国の皆さんは「映画から生きる力をもらった」とか「これから頑張りたい」としきりに言うのです。公園ではもみくちゃになり、ここで自分は倒れる、と思うほどでした。

みんなが私を「チェンユウメイ」と呼びました。最初はこの言葉がどういう意味かわからなかったのですが、通訳の人に勧められ、自分で「チニンニウメイ」と言ってみました。すると周囲からは「本物だ！」と大歓声が湧きました。生活習慣の違う人と毎日何千人と会い、何万回もそう呼ばれていたのです。中国にいると刺激が強すぎて夜は眠れないほどでした。

自分が出演した一本の映画で、ここまで国を超えて心を通わせることができ、家族のように自分を応援してくれる。これは逆に私が中国で教わったことでした。ここでの体験で、世界的な広い視野で物事を考えることや、相手の国の特徴をじっと見つめ、違いを知ることが必要なのではないかと感じるようになりました。それから定期的に中国に行く機会があり、これまでに八〇回近く訪問してきました。

——七九年からというと、長い時間ですね。

来るたびに驚きと戸惑いの連続で、これは今も変わりません。中国にとどまらず、日本で街を歩いていても中国人からサインや写真を頼まれることもあります。空を飛ぶ私の大きな絵が突然中国から私の元に送られてきたり、中国国内で起きたもめ事に遭遇したりしたこともありました。予想もしない出来事が何度も起き、疲れ果てて中国とかかわるのはもう難しい、と何度も思いましたが、さまざまな方から誘いの声があり、中国との関係が続いています。

中国を理解するには努力がいるし、時間もかかります。私は長年つながりを持つうちに、（一）自分が何を思い、望むのか、（二）相手はどういう立場で何を望んでいるのか、（三）世界的な大きな視点で見ると今はどういう状況なのか――という三つの想像力を同時に働かせることが大切だと思うようになりました。

日本と中国は気候風土から違っています。日本人は周囲が海や山に囲まれた環境で生活していて、本音をすぐ言わずに、周囲に気を配り、調和を重視します。しかし中国大陸は広大で、人々は率直で、細かいことはあまり気にしません。表現の仕方が日本人と異なるのです。

相手は異なる発想をするのだと受け止めて、一つずつ信頼関係の土台を築こうという思いを持ち続けることが大切だと思うのです。中国人ならこうした局面ではどう考えるのか、と自分の発想を逆にしたりして考えてみてもいい。これはもちろん今の中国の人たちにも必要ですが。

――日中関係について「脆弱《ぜいじやく》」との見方もあります。

確かに日中関係はこの先ますます複雑になる、という予感はあります。しかし今までも、日中関係は常に安定していたわけではありません。八〇年代は「蜜月」だったと今は言われていますが、それでも日中の間では多くの人が協力のパイプを築き、努力をしてきたのです。そうした様子を目にする機会が今は減っている気がします。

私は、周恩来元首相の夫人で九二年に亡くなった鄧穎超さんから「中日友好を代々伝えてください」というメッセージを晩年の八〇年代に託されました。これは私にとって大きな励みになっています。こうした精神は、今の習近平指導部にも引き継がれていると信じています。

「声で両国をつなぎたい」——中国人プロ声優・劉セイラさん

幼い時から日本のアニメの影響を受けて声優を志し、北京から日本に渡った劉セイラさんは「日本初の中国人プロ声優」だ。劉さんは北京市出身で本名は劉婧犖《りゅうせいらく》。北京外国語大で日本語を専攻し、交換留学生として愛知文教大で学んだ。卒業後に日本工学院専門学校に二年間留学した。二〇一一年から声優として活動し、一二年から日本語のアニメ作品に出演している。これまでにNHK「テレビで中国語」で日中二カ国語でナレーションを担当し、アニメ「美少女戦士セーラームーン Crystal」(月野進悟役)、一六年にアニメ「侍霊演武《ソウルバスター》：将星乱」にて主役の一人「凌雲」を日本語版と中国語版の両方で演じた。漫画好きでイラストも得意だ。

「青二プロダクション」（東京都）に所属し、バイリンガル声優として活躍が期待される劉さんに、これまでの歩みや、「声」を通じた日中交流の可能性について二〇一五年一一月に上海で聞いた。

――セリフを聞いていますと、中国人だとわからないほどです。

日本に来てからは、できるだけ日本人と話し、日本語で会話するよう努めてきました。言葉をマスターするには発音や文法だけでなく、その国に長い間住んで文化を肌で感じ、考え方まで理解する必要があると思っています。

劉セイラさん（本人提供）

言葉が完璧の域に達するまでには時間がかかりますが、日本の人と同じようにアニメに感銘を受けることはできます。幼いころ「聖闘士星矢《セイントセイヤ》」や「新世紀エヴァンゲリオン」、「鋼の錬金術師」などを見て、言葉の意味は分からなくても強い影響を受けました。日本の声優の声を聞いていると、どうしてこんなに心が震えるのかを知りたいと思ったのが、声優に興味を持ったきっかけでした。

――どのように日本語をマスターしたのですか。

勉強して暗記すればある程度のレベルに達すると思いますが、問題はその先でした。大学で日本語を専攻し、交換留学でも一〇カ月勉強したのに、卒業後に日本の専門学校で授業を受けてもその内容が八割くらいしか理解できませんでした。留学したのに聞き取れず、微妙なニュアンスもよく分からず、焦った時期もあります。

その壁を乗り越えるため、しばらく中国語から離れることにし、友達や北京の実家との連絡を極力控え、友人と話す時も日本語で返すようにしました。日本語漬けにした日々は、今振り返ってもとても苦しいものでした。日本語が嫌いになり、気持ちがふさぎ込んだことが何度もあります。でも中国に帰りたいとは思いませんでした。こうした時期をじっと我慢するうちに、日本語の力は徐々に向上していきました。

アニメの台詞を何度も自分でしゃべり、録音して聞き直すのです。自分の声をインターネットに載せて「おかしな発音を教えてください」と発信し、親切な日本人が発音を丁寧に直してくれたこともあります。

――声優は日本人にとっても狭き門です。

一人の中国人留学生に過ぎなかった私を応援してくれたのが、「ドラえもん」でジャイアンの声を二六年間担当した、たてかべ和也さん（二〇一五年六月に八〇歳で死去）でした。

二〇一〇年ごろ、インターネットで私の声を聞いてくれた人が東京で紹介してくれました。たてかべさんは若手の育成に熱心で、私の思いを受け止めてくれ、さまざまなイベントや交流の場に連れていってくれました。私は日本の習慣やしきたりが分からず戸惑うばかりでしたが、「この子は中国から来ている。俺は死んだらこの子を空から見守ってあげたい」と背中を押してくれました。私はプロになったら、たてかべさんとぜひ一緒に仕事をし、恩返しをしたいとずっと思い続けてきました。実現できず本当に悔やまれます。

たてかべさんは私に「劉ちゃんには、自由に自分の道を歩んでいってほしい」とよく話していました。日本の考え方だけにとらわれず、日本と中国をつなぐ若い世代の声優として、もっと広い視野で活躍してほしいという願いを持っていたのかな、と思います。

——声優の仕事について、日本と中国で違いはありますか。

日本では声優といえば歌うこともあって幅広いのですが、中国はむしろ一つの技能のプロといった感じです。アニメの収録の仕方も中国と日本では違っていて、中国では収録時間がはっきり決まっていないこともあるのですが、日本ではきちんと決められています。台本は中国では当日配布も多いですが、日本では数日前には届きます。日本の方が周囲に配慮しながら集団で作業し、一発勝負の緊張感が非常に強く、とても優れた作品が生まれるという印象を持っています。中国では一人一人自分の役だけを収録する場合が多いですね。日本のアニメは世界の最高レベルなので、その現場を多く経験し、一流を目指したいです。

――今後の目標を。

一つのアニメ作品で中国語と日本語の両方で主役をしたいですね。私は日中を行き来していますので、日本と中国の両方で磨いてきた感性を生かし、両国をつなぐ役割を果たしていきたいです。

たてかべさんの話をしていた劉さんは、何度も声を詰まらせた。自分が積んだ苦労と、たてかべさんの存在が重なるのだろう。劉さんの活躍を誰よりも喜んでいるのは、きっとたてかべさんに違いない。

学生時代の劉さんに北京で日本語を教えた笈川幸司さんによると、日本のアニメや漫画に強い影響を受け、日本で声優を目指す中国人の若者は増えている。「劉さんは草分け的な存在で、日本での活躍は多くの中国人の若者を勇気づけている」という。所属事務所の幹部は「中国では近年、漫画やアニメがより幅広い世代に向けて作られるようになっており、作品の量は今後増えていく」とみる。「表現力と日本語力、作品への深い理解、イラストのセンスを兼ね備える劉さんは声優にとどまらず、技術の指導役としても将来性を感じる。中国側からのオファーも増えている」と活躍を期待する。

「中国の日常に目を」——北京在住の女優・松峰莉璃さん

日中関係改善への動きが滞る中、両国政府は文化交流による雰囲気づくりを模索している。二〇一七年は日中国交正常化四五周年の節目でもあり、日中関係の雰囲気次第では文化や地方間の交流に弾みがつく可能性もある。文化交流の意義について、北京在住の俳優、松峰莉璃さんに聞いた。

松峰莉璃さん

福岡市出身の松峰さんは、二〇〇六年に北京・中央戯劇学院大学院を修了。中国映画「一歩之遥」（姜文監督、一四年）、「The Wasted Times」（一六年）などに出演し、一六年には中国映画の助監督にも就任した。中国の映画事情に詳しく、北京で子供向けミュージカル・舞台の脚本も手がけている。

松峰さんによると、中国では安倍晋三首相に関する批判的な報道をよく耳にするが、周囲にいる友人と接する限りでは、安倍首相に対しては「反感」よりも「興味」を抱く人が少なくない。「つまり安倍首相とは実際にはどんな人なのか見てみたい、日本とはどういう所なのか、といった関心ですね。日本に実際に足を運ぶ中国人が増え、『日本は身近な国』という感覚がいっそう定着してきていると思います」という。

中国では日本の文化コンテンツの需要は確実にあり、実際に交流したい、という人は多い。韓国のスターや俳優、文化人は頻繁に中国に来ているのに、日本のスターの訪中は、あまり耳にしなくなった。「中国に長く滞在して直接交流できる日本の著名人はまだまだ必要だと思います」と松峰さんは話す。

「文化面の交流が滞りがちなのは、日本と中国の仕事の進め方の違いも一因かもしれません」と松峰さん。日本では映画ロケなどの数日前に予定が固まるが、中国では急に変更されることが頻繁に起き、調整がうまくいかないことも起きている。

「日本に伝わる『中国文化』の多くが、王朝時代の美術品、三国志といった歴史関連になっていますが、さらに日本に伝えられるべきなのは、むしろ今の中国の日常の姿です。日中間では、文化が政治の影響を受けやすい面はありますが、それでも交流は停滞させるのではなく、互いの違いを受け入れるためにも、両国の事情に通じた人材をもっと増やすことがますます大切になると思います」と語った。

中国人民政治協商会議（政協）の会議に出席する俳優のジャッキー・チェン氏（2015年3月、北京）

「対立を深めることは有害無益」
――ジャッキー・チェンさん

日本との文化交流の発展を望む中国人俳優は少なくない。その代表格が香港出身の世界的スター、ジャッキー・チェン（中国名・成龍）さんだ。近年はアクション映画以外に中国国内で大々的に宣伝された「辛亥革命（邦題＝1911）」などにも登場した。

一四年三月、北京で毎年開かれる中国人民政治協商会議（政協）に合わせてジャッキーさんに取材を申し込むと、OKの返信が届いた。政協は中国共産党と関連組織との協力を目指す組織で、芸能やスポーツ、科学、経済界など幅広い分野で、中国が直面する課題について討議・提言している。ジャッキーさんは一三年、米プロバスケットボールのNBAで活躍した姚明《ヤオミン》さんやノーベル文学賞受賞者の莫言《ばくげん》さんらとともに政協委員（任期五年）に選ばれていた。

ジャッキーさんは日中関係について「両国は隣国で、友好的に交流すべきだ。対立を深めることは双方にとって非常に労が多く有害無益だ。文化交流は一貫して頻繁に続けられており、こうした努力が両国の繁栄につながるはずだ」と訴えた。文化交流については「双方にはそれぞれ優れた面がある。映画作品などを通じて互いの理解を深めてこそ、平和な環境を確実にできる」と語った。

中国映画界の現状を「各地で上映が盛んで、商業・非商業ベースいずれも発展段階にある。ただ近年の作品には中国人の身近な生活をテーマにしたものが多く、世界的に広がりのあるものはまだ少ない」とし、「優れた文化作品は異なる価値観を持った人からも理解されるもので、デジタル技術でもいっそうの向上が必要だ」と持論を語った。

「政協委員になって多忙になったが、日本などの映画関係者との個人的な交流は今も続いている。機会を見つけて日本を再訪し、各界の人との交流を深め、中国映画の現状や魅力を伝えていきたい」と語った。

「日中関係は上り坂」——前駐中国大使・木寺昌人さん

最後に木寺昌人・前駐中国大使（現駐フランス大使）への一五年末のインタビューを紹介したい。木寺前大使は七六年に外務省入りし、官房長官秘書官、アフリカ審議官、国際協力局長、官房長、官房副長官補などを歴任し、二〇一二〜一六年に駐中国大使を務めた。木寺前大使は日中関係が「最悪」とされた時期に北京に赴任し、中国政府関係者や在留邦人と協力して中国との関係改善を図ってきた。一七年は日中国交正常化四五周年の節目を迎えるが、日本政府の日中関係の基本姿勢に大きな変化はない。後任の横井裕大使に引き継いでいるが、木寺前大使の主な発言からも、日中関係の近年の空気が読み取れると思う。

木寺昌人・前駐中国大使

——一五年末で就任から三年となります。

日中関係は改善の方向にあることを喜んでいます。日中関係は大変厳しい時期を脱して、上り坂にあります。出先の大使としては、日中関係が上り坂を少しずつ着実に進むよう、一歩一歩足場を間違えないように押していかねばなりません。日中関係全体は重たいので、歩みを止めると後ずさりを余儀なくされます。

一二年に北京に着任した当初の日中関係は、「国交正常化以来、最悪」とも称された厳しい状況にありました。中国側の言い方も、一四年前半までは「日中関係を悪くしたのは日本である。中国は悪くない。まず日本が誠意を見せるべきだ」というものでしたが、一四年後半からは、「日中双方が関係改善に向けて努力すべきだ」と言い始め、トーンが変化してきました。

中国側もその後、関係改善を望んでいます。一四年四月ごろから、経済関係や対話は進めようという機運になり、日本側から政治・経済の要人が訪中して対話が進められました。外交当局間でも、真剣な折衝が続けられました。そして、ようやく実現したのが、一四年一一月に約二年半ぶりに行われた日中首脳会談でした。この関係改善の流れを受けて、一五年に入ってからは、日中間の交流は徐々に勢いを増していきました。

最も困難な事項について、また日中関係を改善していくことについても、日本の政界と経済界がワンボイス（同じ主張）であること、与野党がワンボイスであることが、私と大使館の同僚にとって最大の支えになっていると感じています。

――日中関係で強く印象に残った点を挙げてください。

一つ目は、首脳同士の対話が緊密に行われたことです。日中の政治レベルで対話が積み重ねられたことは、日中関係改善の動きをより確実なものとする上で、非常に重要であったと思います。

二つ目は、日中間でさまざまな交流が活発に行われたことです。私たち日本大使館は、関係改善の雰囲気を中国の皆さんに強く感じていただくべく、一五年には「日中交流集中月間」と位置づけてさまざまな交流イベントを北京で実施し、中国の方々に数多くの「感動の共有」を提供することができました。一〇月三一日のNHK交響楽団の北京公演をはじめ、日中両国の関係者が同じ空間で一つの感動を共有できたことは、着任以来の日中関係を考えると感慨深いものがありました。

三つ目は、中国人の訪日観光客の増加です。経済効果はもとより歓迎していますが、私は、一人でも多くの中国の方がありのままの日本を見て理解を深めてくれることが、今後の日中関係の発展のために大変好ましいことであると考えており、このようにたくさんの中国の方々が日本を訪れていることをうれしく思っています。

――どのように中国側との対話を進める考えでしょうか。

日中間には引き続き多くの困難があることは事実です。しかし、こうした個別の課題が日中関係全体に影響を与えることなく、互いに戦略的互恵関係を発展させていくことで日中の首脳は一致しています。

あらゆる機会をとらえて首脳同士の対話を継続し、閣僚レベルや当局間同士など、さまざまなレベルで対話を積み重ねることにより、相互理解と相互信頼を深め、各分野における協力を進めていきたいと考えています。

——歴史問題の課題を、日中は今後どのように乗り越えていくべきでしょうか。

戦後七〇年間、日本は平和国家としての道を歩んできており、方向性は今後も全く変わりません。さらにより良い未来に向けて、アジアそして世界の平和と繁栄のため、いっそう積極的に貢献していきたいと考えています。

日中双方は過去を振り返るだけではなく、今後の地域の平和と安定も視野に入れた未来志向の協力関係を発展させていくべきです。日本としては、平和国家としての方針を強調するとともに、「戦略的互恵関係」の考え方の下で協力関係を発展させていくよう、引き続き中国側に呼びかけていくことが重要だと考えています。

——中国の社会や政治の面でどのような変化を感じられますか。それに対し、日本政府としてどのように対応するのでしょうか。

近年、中国は急速な経済成長を遂げる一方で、「腐敗」「富の格差」「環境汚染」といった大きな課題に直面しており、中国が高度の経済成長をしたゆがみだと言えます。中国政府は、これらの分野で国民に結果を示すことが求められています。

中国の平和的発展が日本にとってチャンスであることは言うまでもありません。環境・省エネルギー、食の安全、少子高齢化といった中国が直面する課題の多くは、日本も経験・克服してきたものであり、こうした分野での協力は相互補完的で有望だと考えます。

――日中関係の具体的な目標や見通しを聞かせて下さい。

現在、日中関係は改善の流れにあります。この流れを大切にしながら、より確実なものにしていかなければなりません。そのため、日中の首脳レベルでの会談を維持し、各分野におけるあらゆるレベルでの対話と協力を続けていくことが、現在の勢いを着実なものとしていく上で重要であると考えています。

また、日中間の民間交流は、政府間の関係が悪い時にも着実に進展し、日中関係は簡単に壊れるものではないと実感しました。日中間の民間交流がさらにさまざまな分野で花開くことを期待し、全力を尽くして応援していく所存です。

第7章

習近平指導部のゆくえ

2017年秋に共産党大会を控える習近平指導部

国内安定に腐心

中国の習近平指導部が二〇一二年秋に発足し、四年余りが過ぎた。一六年一〇月の中国共産党第一八期中央委員会総会（六中全会）で習近平総書記（国家主席）が党の「核心」と位置づけられ、毛沢東、鄧小平氏と同列の扱いとなり、強い権威が確立された。習指導部は求心力を強め、国内世論を厳しく管理する一方、中国を中心とする現代版シルクロードである「一帯一路」を建設している。反腐敗闘争を掲げ、自らの権力基盤を脅かす批判勢力の勢いを抑えつつ、二〇一七年秋にも予定される第一九回党大会で政権を折り返そうとしている。ここでは見聞きしたことをもとに、習指導部の今後について考えてみたい。

二〇一三年三月。まだ寒さの残る日の朝、私は北京から高速道路で南西に向かって走っていた。

車で約四時間かけ、岩山の合間の道を通り抜けて到着したのは、河北省南西部の阜平県駱駝湾《らくだわん》村。中国の国会にあたる第一二期全国人民代表大会（全人代）第一回会議で、胡錦濤《こきんとう》前国家主席から習主席に主席ポストが引き継がれるのを前に、習氏が総書記就任後に視察した村の現地の声を聞きに行った。

村は人口約五〇〇人で、トウモロコシが主な収入源だ。習氏は二〇一二年一二月に村を視察し、「貧困を解消し、民生を改善し、共同富裕を実現する」と強調していた。

習氏を自宅に迎え入れたという唐栄斌《とうえいぶ》さん（六九）によると、当日午前八時に村の幹部から「総書記が来る」と知らされ、約一時間後、本人が数百人を引き連れ村に姿を見せた。

習近平国家主席が自宅を訪れた時の様子を振り返る唐栄斌さん（2013年3月、河北省阜平県駱駝湾村で）

部屋の中で「農地の広さはどのくらいか」「テレビは何台あるか」「暮らしぶりはどうか」などと三〇分ほど質問は続いた。唐さんは習氏について「温和な人だった」と振り返り、「生活をもっと豊かにしてほしい」と語った。

視察の様子が中国メディアで大きく報じられると、村の生活は一変した。企業や北京在住の個人から約二〇〇万元の寄付が届き、食料や衣類、本なども各地から届いた。村の六〇代男性は「総書記は各家庭に一〇〇〇元を配った」と明かす。村一帯が清潔になり、家屋の壁は白く塗られ、「幸福な生活において党を忘れるな」というスローガンが新たに書かれていた。

ところが、村から一歩出て話を聞いてみると、近隣住民は口々に生活の苦しさを訴え出した。「医療費として月二〇〇元もらえるはずなのに、去年は一ヵ月六〇元だった。（今年は）三月になっても受け取れない。指導者が言うことは支持するが、現場で本当に実現しているのかが見えてこない」。農業などで年収三〇〇〇元で暮らしている六〇代の男性はこう訴えた。他の村人も「生活は何も変わっていない」と口にした。

駱駝湾村に通じる道の入り口にはゲートが設けられ、記者は事前の登録を要求された。唐さんの自宅で取材をしていると、女性警官が突然現れて尋問された。移動のたびに黒い私服姿の男数人がつきまとい、男たちの姿を見た農民らの表情は急に厳しくなった。習氏の国家主席就任を控え、私の取材に自由な発言を許さない空気が村を覆っていた。

取材の間、私や助手が乗っていた車には、終始大きなRV車が後ろをついて回った。車を降りて住民に取材しようとすると、サングラス姿の屈強な男たちが横に入り込んでくる。こちらが「一体何の用なのか」と聞いても、彼らはただ苦笑するだけで口を開かない。県を離れると、車はついて来なくなった。

後になって彼らが地元の私服の当局者だと知らされた。「ああいう地方の村は外国人の出入りが少ない。見慣れない人物が入ると監視して回る。外国人記者に予想外の動きをされ、それが世間に伝わると彼らの管理責任を問われるからだ」という。北京などの大都市の中心部は監視カメラが設置されているせいか尾行の気配を感じることはほとんどないが、ここでは露骨だった。

習主席にとって立派な地方視察を当局が演出しても、一歩場所を変えれば指導部への不満を抱く国民が無数に存在している。こうした動きをいかに抑え、共産党政権の求心力を維持し、国の秩序を安定させるかが指導部にとって極めて重要だ。

一方で、習主席は国民向けには親しみやすく、他国には妥協しない強い指導者というイメージ作りにも努めている。

二〇一三年一二月二八日昼、習主席は北京市西城区の肉まんチェーン店「慶豊包子舗月壇店」を訪れた。食べたのは豚肉ネギまん六個とレバー炒めのスープ、漬け物で計二一元。自分でカウンターに行き、メニューの入った盆を受け取り庶民と交流。自分で勘定も済ませた。

地元の人によると、習主席は若いころこの辺りに住んでいたことがあり、土地勘があるという。突然この店を訪れた理由について「習指導部は党幹部に対し、節約を呼びかけている。主席自らが質素な食事をすることで、『ぜいたくするな』と党幹部に厳しく命じた」との見方も出た。店の前では党幹部の腐敗を批判し、横断幕を掲げる陳情者の様子も微博で伝えられた。

この店を訪れてみた。店は外国からの賓客が宿泊する「釣魚台迎賓館」や月壇公園に近い。「主席が訪れた店」として一躍有名になり、連日長蛇の列ができていた。店の前では記念写真を撮影する人の姿が目立った。広東省から来たという男性（四〇）は「報道を見て、北京の親戚の所に来たついでに食べてみたいと思ったんだ」とうれしそうだ。

中国では、国家指導者の人となりについて伝える情報は限られている。多くの人は、国家指導者が遠い存在とは分かっていても、「少しでも近づいてみたい」という思いを強く抱いている。中国メディアは時折、イラスト化された国家指導者の報道も伝えるなど、幅広い層からの支持を集めようとしている。国民世論の指導部への支持は、政権の安定運営の必須条件だからだ。

指導部が国民からの支持を得るには、国民の利益を国家指導者が守り、対外的に妥協を許さない姿勢を特に国内で示す必要がある。こうした事情から時折利用されるのが、対日問題だ。かつて侵略を受けた日本に低姿勢に出ることは、戦争で死傷した兵士やその子や孫らの支持を失いかねない。こうした立場を強く打ち出すほど、ますます日本に歩み寄る姿勢を示しづらくなる。

二〇一四年一一月一〇日、アジア太平洋経済協力会議（APEC）出席のため北京を訪

2　要闻　人民日报

习近平分别会见韩国总统、越南国家主席、文莱苏丹、
马来西亚总理、巴布亚新几内亚总理和日本首相

日中首脳会談翌日の人民日報。右下の安倍晋三首相との会談の写真だけ後ろに国旗がない

問した安倍晋三首相は、人民大会堂で習主席と約二五分会談した。この時、安倍首相が表情を和らげて握手をしようとしたのに対し、習主席は不機嫌そうな顔で目をそらし続けた。各国メディアに撮影される中、習主席がにこやかに応じるのは国内向けに都合が悪いとの判断の表れだった。

　翌日の共産党機関紙「人民日報」は、韓国やベトナム、ブルネイなどの首脳会談の際に背景に国旗を写していたが、安倍首相だけにはなかった。安倍首相に関しては「日本の求めに応じて」とされ、写真も一番下に置かれた。日中関係が不安定な中、改善基調の態度を打ち出すのは時期尚早との雰囲気がまだ根強い事情が反映されている。

その後も、私は東南アジア諸国連合（ASEAN）の首脳会議などで安倍首相と李克強首相の会談などを現場で取材したが、公式な席では中国側の国家指導者の表情は終始硬かった。双方の姿勢に大きな変化がない限り、こうした場面はまだ続きそうだ。

中国で伝えられる「対日対抗策」

日中関係は、不測の事態で急速に冷え込んでしまうリスクを抱えている。ここ数年の間に、関係が揺らぐたびに中国メディアではさまざまな「対日対抗策」を伝えてきた。

二〇一三年一二月、安倍晋三首相が突然靖国神社を参拝した直後、中国では一気に日本政府に対する批判が強まった。その直後の一二月三〇日付の国際情報紙「環球時報」では多くの学者が日本に対する具体的な対抗策について論じた。具体的には、こんな内容だ。

- 訪中させたくない（日本の）政治家のブラックリストを作る
- 中国の小中学生に、世界の政治家にあてて中国人の心情を伝えさせる
- 日本軍国主義の歴史的な根拠を示す
- 米国に対し、日本政治の危険性をはっきり理解させる

・日本の首相の靖国神社参拝を非難する議案を国連で提出する
・大使を召還させ、日本に向かう旅行者に警告を発する
・南千島群島開発で中国企業の投資を奨励する
・永遠に歴史問題を提起する
・第二次世界大戦中の強制労働の被害者らが日本企業を提訴する
・抗日戦争の記念日の活動をいっそう格上げする

またこれ以前には、

・原材料の日本への輸出を制限する
・日本への旅行者を誘導し、日本での消費に打撃を与える
・日中韓自由貿易交渉で日本に多くを要求し、日本の恩恵を減らす
・安倍政権と日本の民衆を区別し、企業の交流や民間の往来を増やす

などと伝えたことがある。

先にも触れたが、環球時報の報道は中国政府の公式見解ではない。しかしその後、日中戦争時に日本に強制連行され、過酷な労働を強いられた被害者が中国国内で日本企業を提訴し、「対抗策」の一つが現実のものとなった。同紙の報道内容などを参考に、中国側は

世論の動向を見極めている可能性がある。中国が対抗策を実際に取る場合、相手と似たような形ではなく、あえて違う手段を選び、あからさまな反撃と受け取られない形にすることもある、との専門家の指摘もある。

中国では時折、メディアやテレビ番組で過激な言動が飛び出すが、日中関係のつながりは深く、対日批判がエスカレートすれば中国側にも悪影響が及ぶことが二〇一二年の反日デモの際にも露呈した。中国側にとっては自国の安定した発展が最優先で、「明らかな挑発」と受け止める事態が起きない限り、日本との関係悪化は得策ではない、という意見も中国国内では少なくない。

「平成日本」の研究こそ必要

北京で中国の共産党幹部や研究者と意見交換すると、よくこう質問される。

「今、日本の政治家では一体誰と関係を深めたらいいと思いますか」。

中国ではいったん指導者が決まれば、五年、一〇年と政権が続いていくのとは異なり、日本ではさまざまな要因で首相や閣僚が交代する。日本の政治家は衆院選や参院選で落選することもあり、中国側も今後の日本の首相候補を予測しづらく、長期を見据えた関係構築をどう進めたらいいのか頭を抱えているようだった。

日本政治を専門にする中国の研究者から、現在の日本研究にはさまざまな課題があるのだと聞いたことがある。長期政権を見据えた安倍首相が中央アジアやアフリカ、中東など世界各国を訪問するようになり、日本とその訪問国との関係も研究する必要があるが、こうした動きに対応できる人材が中国ではまだまだ不足しているのだという。「日本だけを研究するのでは今は不十分で、世界全体の中での日本の動きについて考える時代になってきています」と語った。中国の名門大学には日本研究で著名な教授は何人もいるが、その次の世代の若手の育成も課題だ。北京では、日中戦争など「昭和」の時代にとらわれず、「平成日本」の研究こそ必要だ、という意見も耳にした。こうした相手国への深い研究の必要性は、日本も同じかもしれない。

中国の日本研究者の間には、「日本人の考え方や行動について冷静に分析し、日本人が受け入れやすいソフトな態度やアプローチで対日政策を打ち出すべきだ」という考え方が確かにある。しかし靖国神社の参拝などの歴史問題など、中国人にとって敏感な問題で刺激されると、国内世論が一気に硬化し、そうした雰囲気づくりが一気に壊されてしまう。「こうしたことが何度も繰り返されています」とある研究者は嘆いた。

今、中国側が日本とのパイプとして重視する人物として中国側から聞こえてくるのが、福田康夫元首相や二階俊博自民党幹事長、谷内正太郎国家安全保障局長といった名前だ。

しかし「北京で会談すれば日本側の多くの方々が関係改善を口にするが、他国に行けば別のことを話し出す。本当に信用できるのか分からない」といった警戒感を口にする党幹部も少なくない。

批判にさらされる「知日派」

中国側が日本の要人を受け入れる際の窓口としては、中国外務省にとどまらずいくつかの主なルートがある。

まず一つ目が、中国の対日交流団体「中日友好協会」だ。外相や国務委員を務めた唐家璇氏が会長を務め、主に北京の王府井の近くで宴会を持つことも多い。唐氏は会食時の一時間にも及ぶ長い演説で知られている。こうした友好団体をまとめるのが「中国人民対外友好協会」で、会長の李小林氏は李先念元国家主席の娘で、たびたび訪日している。

二つ目が、党外交を所管する対外連絡部（中連部）だ。自民党や民進党、公明党などの政党や超党派の議員の訪中の際は、中連部が中心になって受け入れることが多かった。訪中団が日程の途中で、政府系シンクタンク「中国社会科学院日本研究所」などを訪問し、意見交換をする場合もある。

三つ目が、学術交流目的だ。かつて要職にいた日本の政治家がシンポジウムなどに出席する際、中国側の学術団体が受け入れの中心になる場合もある。

これ以外にも、地方政府が主体となり交流事業などが企画されることもある。こうした組織のスタッフは日本語も堪能で、留学経験者も多い。日本人とのつきあいにも慣れており、日本の外交官が「彼らの準備の手際の良さは日本人と変わらない」と語っていた。

こうした組織の人たちは、日本からの訪中団が計画されると、その受け入れ準備に奔走することになる。彼らは普段、日本側との調整が主な業務だが、日本との関係が悪化すると、中国国内では「親日派」と批判される側に回っていた。地方都市も事情は同じで、日本との関係を目指そうとするほど、苦しい立場に追い込まれていた。

北京でたびたび日本からの訪中団を取材したが、近年の不安定な日中関係もあり、決して議員外交の裾野は広がったとは言い難い。中国を知る議員が限られている一方、日本を知る中国側の要人も限られているのが実情だ。

議員や有名人が相手の国を訪問する際、もう少し大学などに足を運んで若者や学生と交流する機会を増やしてはどうだろうか。若者と率直に意見を交わし、「イメージと違う中国人を見た」といった感想をうれしそうに語る日本の人たちの声を北京で何度も耳にした。

迫る東京、北京五輪・パラリンピック

今後の日中関係を深めていくうえで、大きな契機となり得るのが、二〇二〇年の東京、二〇二二年の北京冬季五輪・パラリンピックの連続開催だ。東京都と北京市は姉妹友好都市の関係にあり、長年停滞していた関係を見直す弾みにもなるはずだ。

「(〇八年の)北京五輪の経験を日本とも共有したい」。中国外務省の洪磊《こうらい》副報道局長は一三年九月九日の定例会見で、東京五輪の開催が決定した直後にこう語った。この時期は、日本政府による尖閣諸島国有化から一年に重なり、日中関係は決して良好なムードとはいえなかった。洪磊氏は会見で「中国の領土主権侵害をやめ、歴史問題で国際社会の信用を得ることが中日関係をさらに一歩発展・改善することになる」と言及。国営新華社通信や中国中央テレビ(CCTV)は前日の八日に「東京落選」などと誤報するなど一時混乱も見られた。

実際には、東京五輪・パラリンピック開催が決まった九月七日の国際オリンピック委員会(IOC)総会で、中国は東京開催に賛成票を投じていた。中国側は対日関係の重要性を踏まえ、国益を総合的に検討した結果、「東京支持」に動いたのだ。

関係者の話を総合すると、投票に参加した約一〇〇人のIOC委員のうち、中国出身者

は四人（大陸三人、香港一人）。第一回投票では大陸の三人が東京、香港の一人がマドリード（スペイン）、決選投票では四人とも東京に投じた。東京は六〇対三六でイスタンブール（トルコ）を抑えて、一九六四年以来五六年ぶりの夏季五輪開催にこぎつけた。

中国が東京開催を支持したのは、「首都・北京市と友好都市の関係にある東京都との関係改善を急ぐ狙い」（日中関係者）があった。中国国内では、PM二・五など深刻化する都市部の大気汚染の解決が喫緊の課題で、先進都市・東京の協力を得ることが不可欠だ。東京では五輪開催に伴う特需が見込まれており、これは中国にとっても有利との判断も働いたようだ。この時は北京市と張家口市（河北省）は二〇二二年の冬季五輪開催を目指している段階で、日本からの支持を取り付ける狙いもあったようだ。

「中日友好協会」会長の唐家璇元国務委員は東京での開催が決定した直後、日本の国会議員との会談で「我が事のように喜んでいる」と語っている。唐会長は「六四年の東京五輪の時は初めて日本を訪れた時だった。訪中団には若い議員もいるが、当時の自分はさらに若かった」などと述べ、その場が笑いに包まれたという。

二〇一五年三月、全国人民代表大会の時期に北京で私が程永華駐日本大使に聞いてみたところ、事実関係を認めたうえでこう語った。「東京五輪決定の際は中国側として、しかるべき支持をした。東京、北京で五輪が続くことで隣国としてさらに協力が深まればいい」。

その後、一五年七月のＩＯＣ総会で、二二年冬季五輪・パラリンピックの開催都市に北京が選ばれた。北京は初の夏冬の五輪開催都市となる。ＩＯＣ委員の八五人（棄権一）による投票で北京は四四票を獲得。中央アジア初の開催を目指したアルマトイ（カザフスタン）の四〇票とは小差だった。

北京に決まった瞬間、北京市の国家体育場「鳥の巣」の周辺には、三〇〇〇人以上の市民が詰めかけた。高さ約一〇メートルの大型スクリーンに北京決定の瞬間が映し出されると、歓喜の声がわき起こり、紙吹雪が舞った。そこにいた北京市の元会社員の女性は、「五輪までまだ七年近くある。大気汚染対策や人工雪を作る技術はきっと向上するはず」と声を弾ませた。

この年は中国の習近平国家主席が共産党のトップである総書記の任期最後の年となる可能性がある。五輪開催は習氏が掲げるスローガン「中国の夢」の総仕上げで国威を発揚し、指導部の実績につなげることになりそうだ。

中国政府は一五年四月、北京と周辺の天津市、河北省を一体で発展させる首都圏共同発展計画を打ち出した。スキーなど雪上競技の会場となる河北省張家口市と北京を結ぶ高速鉄道が開通すれば所要時間が一時間以内に短縮されることになる。

しかし、大気汚染など課題も多い。冬場は暖房で石炭が使われるため、特に大気汚染がひどくなる。北京市や河北省は、暖房の石炭から天然ガスへの切り替えや、煤煙《ばいえん》を出す工場の強制閉鎖などを行ってきただけに、国際的なイメージを向上させるためにも対策は急務となりそうだ。

雪の確保も課題だ。張家口市は毎年降雪があり既存のスキー場もあるが年間の積雪量は約一メートルで、五輪期間中は人工雪に頼る。北京や河北省では、生活水準の向上に伴う水の使用量増加で水不足が深刻化しており、人工雪の使用が拍車をかける可能性もある。

プレスツアーで冬季五輪に意気込み

一五年一月、北京市などは、外国メディア向けに開催地の状況を説明するプレスツアーを開き、現地施設の充実ぶりのアピールに力を注いだ。

「ここ数年、スキーが中国の若者の間で流行し、昨年（張家口市の）崇礼県でスキーをした人は二〇〇万人を超えた。『スキーに行きましたか』というやりとりが中国でありふれた会話になっている」。北京市の女性報道官、王恵氏は中国外務省でこう強調した。また「〇八年の夏季五輪の施設を冬季も利用するため、スケート競技の施設は新たに一つだけ建設すればよく、張家口が主なスキー競技の会場になる」と利点を訴えた。

報道官によると、一九年までに北京と張家口を五〇分で結ぶ高速鉄道を建設し、空港や

北京冬季五輪・パラリンピックに向け整備が進められるスキー場（2015年１月、河北省張家口市で）

三本の高速道路も整備する。「大気汚染対策を重視しており、すべての選手や審判、メディア関係者らにきれいな空気を提供する。雪の量や質、天候、気温は開催条件を満たしており、どの大陸で開催されるかより、どの都市がふさわしいかがより重要だ」と訴えた。

各国の記者はその後、バスで約五時間かけて北京市中心部から約一五〇キロ離れた崇礼県のスキー場に移動した。標高一六〇〇メートルの位置にあるスキー施設「密苑雲頂楽園」の幹部によると、年間降雪量は約一メートルで「積雪量は六〇センチで五月までは雪が降る」と説明した。

スキー場内では関連施設の建設が進み、

北京や河北省の大都市から訪れた家族連れなどがスキーやスノーボードを楽しんでいた。仕事の合間を縫って北京から自家用車でやってくるリピーターも少なくないという。

石家荘市から来ていた女性は「真っ白な雪原が大好きで、スキーを始めて六年になる。ここは三〇〇〇元の年会費を払えばいつでも滑りに来られる。雪量は決して多いとは言えないけど政府の対策で環境は改善されると思う」と語った。冬季五輪を控えた中国では、スキーなどの冬のスポーツブームが加速しそうだ。

東京都と北京市の姉妹友好都市の関係は、中国に批判的な発言を繰り返す石原慎太郎都知事の時代にはなかなか前進しなかった。この流れを変えたのが、舛添要一前知事だった。舛添氏は一四年四月に訪中し、中国側との関係強化を図った。舛添氏はその後都知事を辞職したが、北京では「関係改善に取り組んでいただけに残念」との声が少なくなかった。

中国共産党関係者は五輪開催についてこう語った。「東京で五輪をやってもらえれば、時差が少ないので多くの中国人も五輪をライブ中継で見ることができる。またそれを機に多くの中国人が応援に日本を訪れるだろう。これは両国の相互理解には大きなプラスになるはずだ」。これは北京の冬季五輪も同じだろう。二つの五輪は、日中関係の前進に向けた多くの可能性を秘めている。

「ポスト習近平」の有力者

中国では二〇一七年秋、習指導部の一期目を締めくくり、二期目がスタートする共産党大会が開かれる。政治局常務委員の大半が交代し、若返りが進むことになる。次の常務委員には「ポスト習近平」が含まれる可能性が高く、新たな顔ぶれが注目されている。しかし、反腐敗キャンペーンの影響で、昇格が有望視される幹部が突然失脚する事態も予想されるなど、見通しづらい状況だ。習近平国家主席は幹部抜てきの条件として「地方での経験」を重視しているとされる。党大会を控え、地方ではポストの交代が本格化してきた。

今のところ、習主席自身の任期は継続される可能性は高いが、李首相をはじめ、その他の国家指導者のポストは未定だ。「ポスト習近平」の有力者としては広東省トップの胡春華党委書記や重慶市トップの孫政才党委書記（いずれも政治局委員）、貴州省トップの陳敏爾党委書記らの名前が挙がるが、順当に一ランク上の最高指導部・政治局常務委員に昇進するかはまだ見通すのは難しい。

二〇一二年、胡錦濤指導部から習近平指導部に移行する第一八回共産党大会を取材したが、この時も新指導部の顔ぶれを巡り、国内外のメディアがさまざまな憶測を報じた。第一八回党大会は、最高指導部の一〇年に一度の世代交代となった。党大会は中国の将来を方向づける大きな節目と位置づけられるが、権力の移行過程は公開されない部分が多い。各国のメディアは人事が正式に固まる時期よりかなり前から真偽の確認が難しい「予測記事」を書いてきた。結果的に外れた報道も少なくなく、これが中国報道の難しさだと言われてきた。

メディアの党大会関連報道は開幕が近づくにつれて増えていった。信頼度の高い人事報道で実績があるとされる米国に本拠を置く中国語ニュースサイト「多維新聞網」は、一一年一一月ごろから予測を伝え、時期が近づくにつれてより具体的な顔ぶれを更新して報じた。香港メディアの報道も過熱していった。

最高指導部に関する報道は中国では「敏感な分野」とされる。報道が当局から規制される大陸メディアと対照的に「一国二制度」が適用される香港では報道の自由が認められている。外国メディアの多くは、こうした香港情報などを参考に関係者に取材を重ねた。

一二年の初夏までは、胡錦濤前指導部と同様「常務委員は九人が維持される」との見方が大勢だったが、政治局常務委員九人と引退した党長老が河北省の保養地・北戴河《ほくたいが》に集まり人事の協議が本格化する時期から「常務委員が七人に削減される」との観測が香港メディアなどで流れた。党大会開幕直前にも「九人説」が再浮上したが、党大会後に七人となった。

新指導部発足前に流れた一部の観測報道

観測報道	実際の結果
2011年11月　張徳江副首相が党中央規律検査委書記を担当するとの予測を伝える（「多維新聞網」）	王岐山氏が担当
2012年５月　胡春華内モンゴル自治区党委書記が北京市党委書記に就任する可能性があると報道（台湾メディア）	胡氏は広東省党委書記に就任
８月　常務委員入りが予想される名簿として広東省の汪洋党委書記を挙げる（米国の中国語ニュースサイト「博訊新聞網」）	汪氏は常務委員に昇格せず
８月　党大会は10月15日に開幕するとの見方を伝える（「多維新聞網」の投稿記事）	11月８日に開幕
９月　事情に詳しい人の見方として、常務委員に入る可能性がある人物として李源潮氏を挙げる（英BBC中国語版）	李氏は常務委員に昇格せず
11月　胡錦濤国家主席が軍トップの中央軍事委員会主席に留任するとの見通しを報道（米ブルームバーグ）	胡氏は中央軍事委主席を引退

一方、胡主席が軍トップのポストである党中央軍事委主席に留任するか、引退するかも大きな関心事だった。一二年夏ごろまでは「胡氏は総書記引退後も、軍トップは留任した江沢民《こうたくみん》氏にならい留任する」との見方が一般的だったが、八月ごろから「全面引退」の見方が出始めた。この問題では、日本メディアも報道ぶりが一時分かれた。

中国の関係者への取材では、情報源を「複数の中国筋」「共産党筋」などと表現することが少なくないが、情報源の信頼度を見極めるには記者の知識や経験に加え、相場観も重要になる。

中国政治に詳しい識者は「事情に詳しいと思われる少数の情報源に近づき過ぎると逆に全体が見えなくなり、誤報を生む結果を招く」と難しさを指摘する。判断が社によって異なる背景には、中国当局の関係者が情報を香港メディアなどに意図的にリークし、記事を書かせ、うわさを広げることも一因とされる。

日本で中国政治を長年研究してきた専門家は「指導部内の動きはブラックボックスだが『観測報道』に流されたり、思いつきで予測したりすることは報道の信頼性を揺るがすことになる。過去のパターンや制度だけでなく、政治動向に対する緻密な分析に基づき、説得力のある根拠を示しながら伝えていくことが重要だ」と指摘した。

新たな「大虎」の追及も

胡氏の軍事委主席引退を二〇一二年一一月一二日付で伝えるなど、数々の独自報道が注目された香港の英字紙「サウスチャイナ・モーニング・ポスト」で記者団の取材を北京で取り仕切り約二〇年間中国政治の動きを取材してきた黄忠清《こうちゆうせい》北京支社長（五七）に党大会が終わった翌月、中国の政治取材の秘訣を聞いたことがある。

――党大会の前の報道は注目されました。香港メディアは、党指導部の人物に直接取材できる機会が多いのでしょうか。

残念ながら非常に少なくて難しいですよ。私は何年も取材していますが「軍と党」の取材は以前よりは機会は増えたものの、容易ではありません。核心情報を持つ部門の担当者にはなかなか近づけませんし。ですが常に「人」に迫る努力が必要だと思います。中国は、選挙があって情報が公開される欧米諸国とは異なり、トップの判断で国が大きく左右されるからです。

――正確な報道をするために心がけていることはどんなことですか。

有力人物について、いつごろどの地域で、どんな担当を務めたかを理解することですね。経済分野の担当が長い人間なら今後も経済を担当する可能性が高い。農業に詳しい幹部なら農業が盛んな省に配置されることがあるのです。最高指導部なら六八歳以上は引退するのが暗黙のルールです。それぞれの有力な人物について、本人に近い人間や所属するグループ、学歴・職歴、年齢などの情報を頭に入れ、総合的に判断することだと思います。

――党大会が近づくにつれさまざまな予測が流れましたが。

新指導部発足の三カ月ほど前になり、顔ぶれの名簿が続々と報じられてきました。一見確かなように見えますが、それでも結果と違った部分もありました。調整は長く続いたのだと思います。新指導部発足直前の時期が最も権力闘争が激しく、最後まで交渉が続けられ、各派閥の均衡が取られて決着したのでしょう。胡氏の軍トップ引退の裏が取れたのは、我々も比較的遅い時期でした。しかし胡氏は早い時期から退くつもりだったと思いますよ。

一七年の党大会も、新指導部の顔ぶれをめぐり各国のメディアの報道が錯綜することになりそうだ。

ある軍幹部は「突き詰めれば、幹部がこの先ポストを守れるかは、習主席の方針を支持するかどうかがすべてだ」と言い切る。反腐敗キャンペーンも、習主席の方針に批判的かどうかが基準になるという見方だ。習主席はこれまで、元重慶市トップの薄熙来氏や周永康前政治局常務委員、胡錦濤前国家主席の元側近の令計画氏らを追及してきたが、次の党大会までに新たな「大虎」が出てくる可能性もある。

おわりに――隣国を知るために

二〇一五年六月三〇日、日中の文化交流とソフトパワーをテーマにしたシンポジウムが北京で開かれた。北京に駐在するメディアとして参加し、日本の若者の中国に対する関心がどこにあるかについて、何人かの専門家から報告があった。

日本の中央大学文学部の榎本泰子教授は、学生にとって中国がどうイメージされているのか、二〇一五年五月にアンケートを取った。一、二年生の一四三人の調査で、孔子（思想家）や李白（詩人）、魯迅（作家）、毛沢東（政治家）を知っている学生はいずれも一〇〇人を超えたが、張芸謀（映画監督）や範氷氷《ファンビンビン》（女優）、姚明《ヤオミン》（元バスケットボール選手）、郎《ラン》朗《ラン》（ピアニスト）、馬雲（ジャック・マー、アリババグループ会長）を知っている人はいずれも一〇人前後だった。

こうした現状を榎本教授は、「日本と中国の若い世代が互いに向ける視線のアンバランスを端的に示している」とし、「日本の若者は、中国の同世代の若者の娯楽や日常生活についてほとんど知識がないと思われる。日本のニュースメディアや出版界が扱う中国関連の情報が、政治・外交や経済方面に偏っているからだ」と分析した。(調査の詳細は『東亜』二〇一五年八月号「大学生の中国イメージと文化交流の意義」に掲載)

また同席していた桜美林大学専任講師の及川淳子さんも、「日本の若者が中国文化に興味を抱き、親しみを感じるようになるためには、現在の中国を知ることができる魅力的なコンテンツが(日本で)多く紹介されるべきだ」と訴えた。

調査で挙がった人物は、いずれも中国では誰もが知る有名人だ。隣国だが、届いている情報はかなりギャップが大きい。メディアとしては中国で今起きていることを幅広く伝えなくてはならない、と改めて思った。

一一年春から五年近く中国で過ごした間、反日デモや安倍晋三首相の靖国神社参拝、北京での軍事パレードなど、日中間の不安定要素はいくつかあった。しかし取材相手に一人ずつ正面から向き合い、じっくり耳を傾けてみれば、多くの人は日中の対立のエスカレートは本意ではなく、安定した関係を維持しながら発展させたい、という思いを抱いていた。個人同士のやりとりで、相手の立場に耳を傾けて信頼関係を築いていけば、こちらが強く主張しても相手は受け止める、と思う。

駐在しながら実感したのは、相手を知ろうと努力を続け、冷静に向き合うことの大切さだ。私が懸念するのは、「中国人＝マナーが良くない」というように、相手をステレオタイプでとらえ、そこで思考停止してしまうことだ。北京では確かに、態度の悪い市民に遭遇して不愉快になることもある。大気汚染や物価高、安定しない日中関係、不便なインターネット環境など、イメージを悪化させる材料には事欠かない。しかしそこに住む「中国人」の幅は広く、単純な言葉ではとてもとらえきれない。

赴任した一一年春から五年の間だけでも、人々の交流手段としてスマートフォンが普及し、「微博」から「微信」へと広がった。市民の身なりは日を追って洗練され、都市部では日本人より高い給料を手にする中国人も珍しくない。大気汚染の深刻化を気に留めない市民も多かったが、汚染の激しい日は大半がマスクを着けている。こうした多様で変化の激しい中国とどう向き合い、理解するかが問われている。

メディアとしても、少しずつ変化している「民」の声や動きをとらえて発信し、相手の存在をより身近に感じられる材料を読者に提供していく必要がある。今、中国で起きていることは複数のテーマが絡んでいることも、従来の報じ方では十分に伝えるのが難しい理由だ。変化の激しい中国をより幅広く、深く伝えていく努力を続けていきたい。

北京にいた時、時折二、三〇年前の日本にタイムスリップしたような感覚にとらわれた。周囲には子供の姿が多く、街も明るい。多くの人が未来は必ず今より豊かになると信じているようだ。中国から時間や資金をかけて日本にやってくる中国人が抱く日本や日本人に対する見方は、少しずつ冷静に、また一部では好意的になってきている。日中交流に長く携わってきた人はこうした背景を「発展の時間差」と呼んでいた。この時間差を冷静に受け止め、互いにプラスになる方向に共に進んでいけるかが問われていると思う。

情勢を判断するには、現場の雰囲気を伝える一定の情報量が不可欠だ。ある中国の高官は、「中国のことを批判するのは構いません。中国が無視され、日本で無知が広がることの方がもっと恐ろしいのです」と「無関心」を最も懸念していた。理解を深める最も効果的な方法は、メディアの情報に触れつつ、直接訪れてみたり、現場の感覚を大切にしながら関心を持ち続けることではないだろうか。

本書をまとめられたのは、毎日新聞社の多くの上司や先輩、同僚、後輩の協力のお陰だ。また北京駐在の間には、中国総局の助手やドライバーを含め、多くの日本や中国の友人たち、そして家族に支えてもらった。改めて感謝したい。

また折に触れて励ましてくださったのが、毎日新聞の中国報道の大先輩の一人で、獨協大学教授を務められた上村幸治さんだ。さまざまな局面で意見を聞きたいと思ったことが何度もあったが、闘病生活を余儀なくされ、駐在中の二〇一三年一月一日に五四歳の若さで亡くなられた。本書の上梓をお伝えできなかったことは悔やんでも悔やみきれないが、改めてご仏前に報告させていただきたい。

最後に出版に際し、数々の貴重なご助言をいただいた平凡社新書の金澤智之編集長のご尽力に深く感謝申し上げます。

二〇一七年四月

工藤哲

【著者】
工藤哲（くどう あきら）
1976年青森県生まれ。埼玉県出身。99年に毎日新聞社入社。盛岡支局、東京社会部、外信部、中国総局（北京、2011〜16年）、特別報道グループを経て現在外信部記者。共著に『サラリーマンと呼ばないで』（光文社）、『離婚後300日問題 無戸籍児を救え！』（明石書店、2007年疋田桂一郎賞）がある。メール kudo-a@mainichi.co.jp

平 凡 社 新 書 8 4 5

中国人の本音
日本をこう見ている

発行日——2017年5月15日 初版第1刷

著者————工藤哲
発行者———下中美都
発行所———株式会社平凡社
東京都千代田区神田神保町3-29 〒101-0051
電話 東京（03）3230-6580［編集］
東京（03）3230-6573［営業］
振替 00180-0-29639
印刷・製本—株式会社東京印書館
装幀————菊地信義

ISBN978-4-582-85845-7
NDC分類番号302.22 新書判（17.2cm） 総ページ272
平凡社ホームページ http://www.heibonsha.co.jp/